图书在版编目（CIP）数据

北京门头沟 /《中国国家人文地理》编委会编. --
北京：中国地图出版社, 2016.11
　（中国国家人文地理）
　ISBN 978-7-5031-9534-1

Ⅰ.①北… Ⅱ.①中… Ⅲ.①门头沟区 - 概况 Ⅳ.
①K921.3

中国版本图书馆CIP数据核字(2016)第284176号

中国国家人文地理·北京门头沟

出版发行	中国地图出版社			
社　　址	北京市白纸坊西街3号	邮政编码	100054
电　　话	010-83543926	网　　址	www.sinomaps.com
印　　刷	北京华联印刷有限公司	经　　销	新华书店
成品规格	185mm×250mm	印　　张	13.5
字　　数	216千字		
版　　次	2016年11月第1版	印　　次	2017年11月北京第2次印刷
定　　价	98元		

书　　号	ISBN 978-7-5031-9534-1
审 图 号	GS（2016）2725号

如有印装质量问题，请与我社发行部联系

中国国家
人文地理

《中国国家人文地理》编辑委员会

总 顾 问：孙家正　第十一届全国政协副主席
顾　　问：吴良镛　中国科学院院士、中国工程院院士
　　　　　柳斌杰　全国人大教科文卫委员会主任委员
　　　　　王家耀　中国工程院院士
　　　　　陆大道　中国科学院院士
　　　　　单霁翔　故宫博物院院长
　　　　　张福海　中国外文局局长
　　　　　潘公凯　中央美术学院教授、著名艺术家
　　　　　唐晓峰　北京大学教授
主　　任：库热西·买合苏提
　　　　　　　　　国土资源部副部长
　　　　　　　　　国家测绘地理信息局局长
副 主 任：王春峰　国家测绘地理信息局副局长
　　　　　范恒山　国家发展改革委副秘书长
执行主任：王宝民　中国地图出版集团董事长
　　　　　温宗勇　北京市测绘设计研究院院长
　　　　　马　赟　四川测绘地理信息局局长
委　　员（按姓氏笔画排序）：
　　　　　王家新　财政部文化司司长
　　　　　吕敬人　清华大学教授
　　　　　华林甫　中国人民大学教授
　　　　　刘国洪　国土资源部耕地保护司司长
　　　　　张拥军　中宣部出版局副局长
　　　　　李瑞英　中央电视台播音员主持人业务指导委员会秘书长
　　　　　陈胜利　文化部全国公共文化发展中心副主任
　　　　　陈洪宛　国家发展改革委财政金融司副司长
　　　　　陈德彧　民政部区划地名司副司长
　　　　　周尚意　北京师范大学教授
　　　　　俞滨洋　住房和城乡建设部城乡规划司副司长
　　　　　凌　江　环境保护部固体废物与化学品管理技术中心主任
　　　　　黄贤金　南京大学教授
　　　　　鲁西奇　武汉大学教授

《中国国家人文地理·北京门头沟》编辑委员会

主　　任：张贵林　北京市门头沟区委书记
　　　　　付兆庚　北京市门头沟区委副书记、区长

副 主 任：彭利锋　北京市门头沟区委常委、宣传部部长
　　　　　李　昕　北京市门头沟区副区长

委　　员（按姓氏笔画排序）：
　　　　　于　超　马占军　王萌萌　叶金玉　付京亚
　　　　　安全山　刘贵清　曲书法　刘握龙　李长山
　　　　　李　伟　李争三　李国庆　杨政兴　肖　颖
　　　　　张广林　张　晨　张淑芳　张慧军　张慧琦
　　　　　周小洁　赵永高　赵　欣　姚宝良　袁树森
　　　　　郭　佳　常　蓉　彭天和　程　浩　舒伯文

《中国国家人文地理》编辑部

主　　　任：陈　平　徐根才
执行主任：陈　宇　卜庆华
编　　　辑：王秀秀　吴鹏飞　王　跃　于至堂　赵　彬
　　　　　　方　芳　杨济瑜　姚维娜　潘　倩　赵　迪
　　　　　　张宏年　董　明　甄一男

《中国国家人文地理》战略合作：
　　北京市测绘设计研究院

《中国国家人文地理·北京门头沟》编辑部

责任编辑：陈　宇　王　跃
编　　辑：张兴林　张　宁　来敬严　郭欣雨
审　　校：杨洪泉　杜秀荣　芮　信
审　　订：卜庆华
整体设计：方　芳
设　　计：方　芳　何美琴
地图编绘：姚维娜　王　跃　甄一男
信息图表：王　跃　方　芳　杨济瑜

总 序

《周易》曰："观乎人文，以化成天下"；"仰以观于天文，俯以察于地理，是故知幽明之故"。察地理、观人文，体现的是中华民族对自然环境和社会人文的关注，是道法自然与教化天下的情怀。

中华民族有 5000 多年连绵不断的文明史，而承载中国历史文化的地理空间是广袤复杂的。在一个辽阔的地域上，由于地理环境、人群构成、社会历史发展进程的不同，自然、经济、人文、社会等诸方面存在着明显的地域差异，也孕育了不同特质、各具特色的地域景观。

中国是一个统一的多民族国家，中华文化是丰富多彩又浑然一体的文化。一方水土养一方人，一方水土孕育一方文化，一方文化影响一方经济、造就一方社会。不同个性特质、各具鲜明特色的地域文化，不仅是源远流长的中华文化的有机组成部分，也是中华民族的宝贵财富。地域文化的发展既是地域经济社会发展不可忽视的重要组成部分，又是地方经济社会发展的窗口和品牌，已成为增强地域经济竞争能力和推动社会快速发展的重要力量。

这套《中国国家人文地理》丛书，以地级行政区域为地理单位，从时间和空间两个维度，以历史为线索，以地理为载体，权威、立体、详细地展现地域的历史文化、人文资源、地理国情、生态环境以及经济社会发展，并归纳提炼出特色地域文化，打造城市名片，可以称得上是一部区域的"百科全书"，对提升城市软实力，扩大对外影响力，助推地方经济和社会发展具有重要意义。其实，这套丛书的意义远远超出地理区域，它展示和讲述的虽然只是一个个具体的局部，但它为人们提供了一个个不同的视角，一个个不同的出发地，让人们多角度地去认识一个多元一体化的伟大国度，从而生动具体地领略它的包容博大、多姿多彩、生机勃勃。正因为如此，这套丛书绝非地域推介的集成，而是一套从个性出发，了解我们国家全貌、民族完整历史的教科书。丛书将文字、图片、地图、信息图表相融合的设计，为传统的图书注入了新的视觉体验，以雅俗共赏的方式将中华文化和各地人文地理的精华呈现给社会大众，为读者带来了一份精彩的文化大餐。

这套丛书从策划到执行，都得到了中央、国家有关部委和地方各级政府的大力支持，并已列入"十三五"国家32项重大出版工程，这体现了国家对它的认可和重视。丛书的出版，必将充分发挥出版记录历史、传承文明、宣传真理、普及科学、资政育人的功能，为弘扬中华优秀传统文化，增强中华文化软实力，扩大中华文化影响力，建设社会主义文化强国作出重要贡献，并为中华文化走出去提供助力。

编撰《中国国家人文地理》丛书是新时期文化领域的一件大事。因此，我欣然为这套丛书作序，并相信全国将会有更多的城市陆续参与到这一大型图书工程中来，共同讲好中国故事，传播好中国声音，凝聚中国力量，建设美丽中国，为中华文化增色添彩。

第十一届全国政协副主席

2016年10月

序

门头沟区地处京畿之地,是首都西部的生态屏障。门头沟区区域总面积1455平方千米,其中98.5%为山区,因地处太行山余脉,在北京的母亲河——永定河及其支流经年累月的切割下,辖区内群山耸立、沟壑纵横,山谷间流泉飞瀑、林木繁茂,自然风光奇特壮美,永定河大峡谷是名副其实的山水画廊。

自古以来,草原文明和农耕文明通过永定河大峡谷沟通往来,相互交融,积淀了该区域丰富的历史文化资源。考古工作者曾在王平村、东胡林和齐家庄村发现旧石器时代中期至晚期的石器,在前桑峪村发现了旧石器时代的人类化石,说明早在距今11万年以前人类已经在这片土地上繁衍生息。距今约1万年前的"东胡林人"的发现,表明人类在这个地区活动的连续性。特别是2003年东胡林遗址的新发现,填补了从旧石器时代向新石器时代过渡时期的研究空白,对"北京人"从山顶洞向平原的发展提供了重要科研依据。龙泉务辽代瓷窑一次出土各类器物万余件,更说明了这个地区文明的久远和文化的进步。

回首近现代革命斗争的历史,从门头沟煤矿工人的反抗,到京西革命根据地的建立;从抵御英帝国主义对煤炭资源的掠夺,到抗击日本帝国主义的侵略,门头沟人民用生命和热血描绘了一幅幅多彩的图画,谱写了一首首壮丽的诗篇。

独特的地理条件和悠久的历史,留下了众多宝贵的历史文化资源，如享有"先有潭柘寺，后有北京城"美誉的皇家寺庙潭柘寺，拥有全国最大戒坛的戒台寺以及不但是华北地区民间信仰中心，还是中国民俗学发祥地的金顶妙峰山。门头沟还有罕见的山地古村落群，有中国历史文化名村爨底下、灵水、琉璃渠，有见证着草原文明和农耕文明上千年来相互交往的京西古道，有京西太平鼓、妙峰山香会、琉璃烧造技艺、千军台庄户古幡会四个国家级非物质文化遗产，有风格独特的秧歌古装戏，有年代久远的北京西派皮影戏，有婉转抒情的西路评剧前身蹦蹦戏，可谓珠辉玉映、群星荟萃。

可以说，从潭柘寺、戒台寺两寺的古钟、名松，到北京屋脊东灵山，以及风情万种的百花山；从保存完好的古村落群，到龙门涧、珍珠湖的碧水蓝天；从千年怪石的八奇溶洞，到香火繁盛的妙峰金顶……这块神奇的土地，孕育了多姿多彩的文化。

这本《中国国家人文地理·北京门头沟》从人文和风物等角度，用生动的图片和简练的文字展示了门头沟区秀美的自然山水和灿烂的历史文化，使读者在领略京西风光的同时又能从中感受到深厚的文化内涵，从细细品味中萌生出置身其中的愿望。

当前，门头沟区进入了转型发展的新阶段，轻轨S1线、长安街西延、采空棚户区改造等一大批重点工程的实施，为区域发展带来了千载难逢的机遇。面对新形势、新机遇，门头沟区提出了"重点发展旅游文化休闲产业，着力打造首都西部生态涵养发展区"的总体思路，同时提出："十三五"时期要在产业结构调整、城市建设、生态涵养、民生改善及社会建设五个方面实现跨越式发展，努力将门头沟区建设成为北京市转变经济发展方式的示范区、首都功能拓展的重要承载区和北京市生态文明建设的重点区。我们坚信，经过全区上下的共同努力,这一美好的蓝图将很快得以实现,这块神奇的土地会更加壮美!北京门头沟区的文化将更加多彩多姿,社会将更加文明进步,人民生活也会更加富裕、和谐、幸福。

北京市门头沟区委书记

张贵林

2016 年 10 月

目 录

- 1 总序
- 3 序
- 10 北京门头沟名片
  - 10 北京的母亲河·永定河
  - 12 北京最高峰·东灵山
  - 14 京师第一寺·潭柘寺
  - 16 京西古村落群
  - 18 北京道路的活化石·京西古道
  - 20 北京民俗文化圣地·金顶妙峰山

- 001 门头沟概况
  - 002 政区位置
  - 002 地形地貌
  - 004 人口
  - 006 经济
  - 006 农业
  - 008 工业
  - 009 旅游业
  - 009 生态环境

013　历史

016　历史概况

018　门头沟名称由来

026　门头沟与北京城

065　人文

066　军事文化

078　宗教文化

096　古道文化

108　古村落文化

116　民俗文化

133　山水

134　门头沟地质地貌

140　门头沟的山

152　门头沟的水

162　门头沟的峡

173　发展成就

175　主要经济发展成果

178　"十二五"时期的四个成就

180　"十二五"时期的五个体会

183　城市蓝图
　　185　五个目标
　　186　八项任务

188　附录

北京门头沟名片

北京的母亲河·永定河

永定河冲积扇是北京城市活动的地理基础，永定河上的古渡口是城市的历史原点，永定河水是重要的生活水源，还被引入运河保障漕运，成就了北京城的长期繁荣，并哺育了北京西郊的近代工业；永定河上游的密林则为北京城提供了大量薪柴和木料……

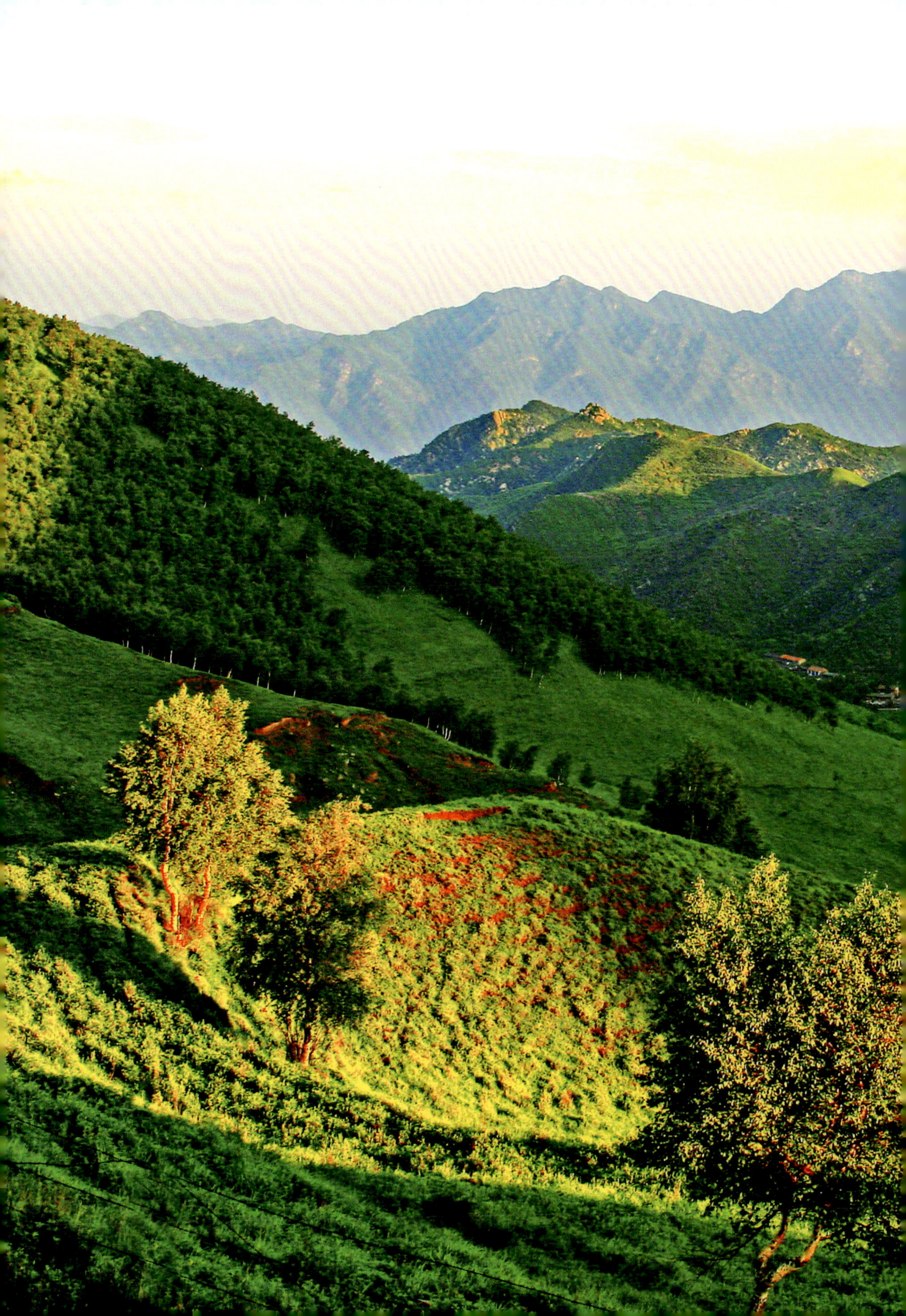

北京最高峰·东灵山

门头沟区西北部的东灵山又称『灵山』，主峰海拔两千三百零三米，是北京市的最高峰。灵山地势高亢，气候独特，有牦牛等高寒物种在此生息繁衍，为附近地区所罕见。灵山上每年举办『北京灵山西藏风情节』，玛尼堆、转经筒、煨桑台遍布山野，风物之异，令人称奇。

京师第一寺·潭柘寺

潭柘寺位于门头沟区潭柘寺镇西北部，是北京最古老、规模最大的佛教寺庙，以至于有「先有潭柘寺，后有北京城」之说。潭柘寺的建筑保持着明清时期的风貌，是北京地区规模最大的一处寺庙古建筑群。景致优美，一年四季风光无限，一日四时情趣各异……

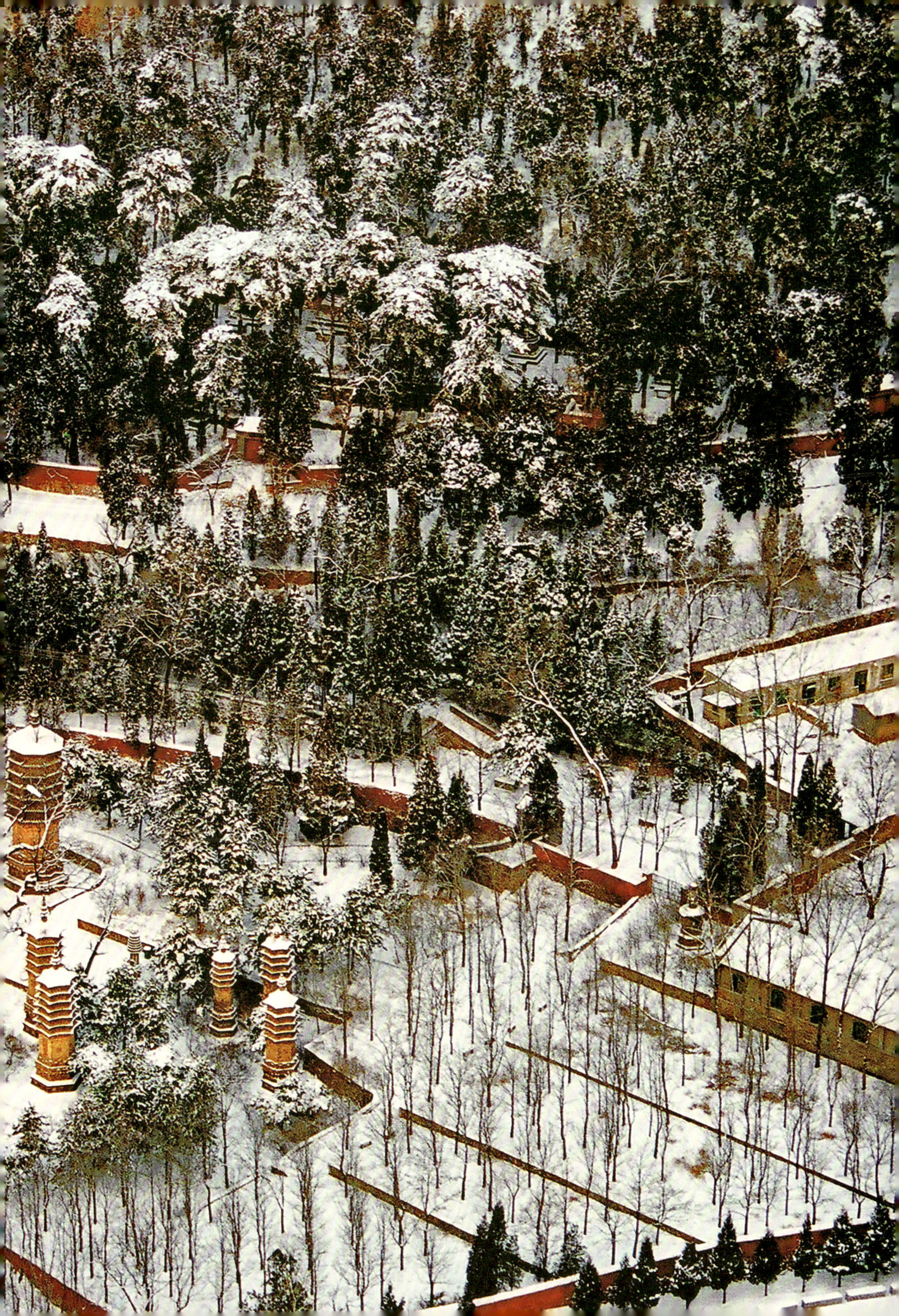

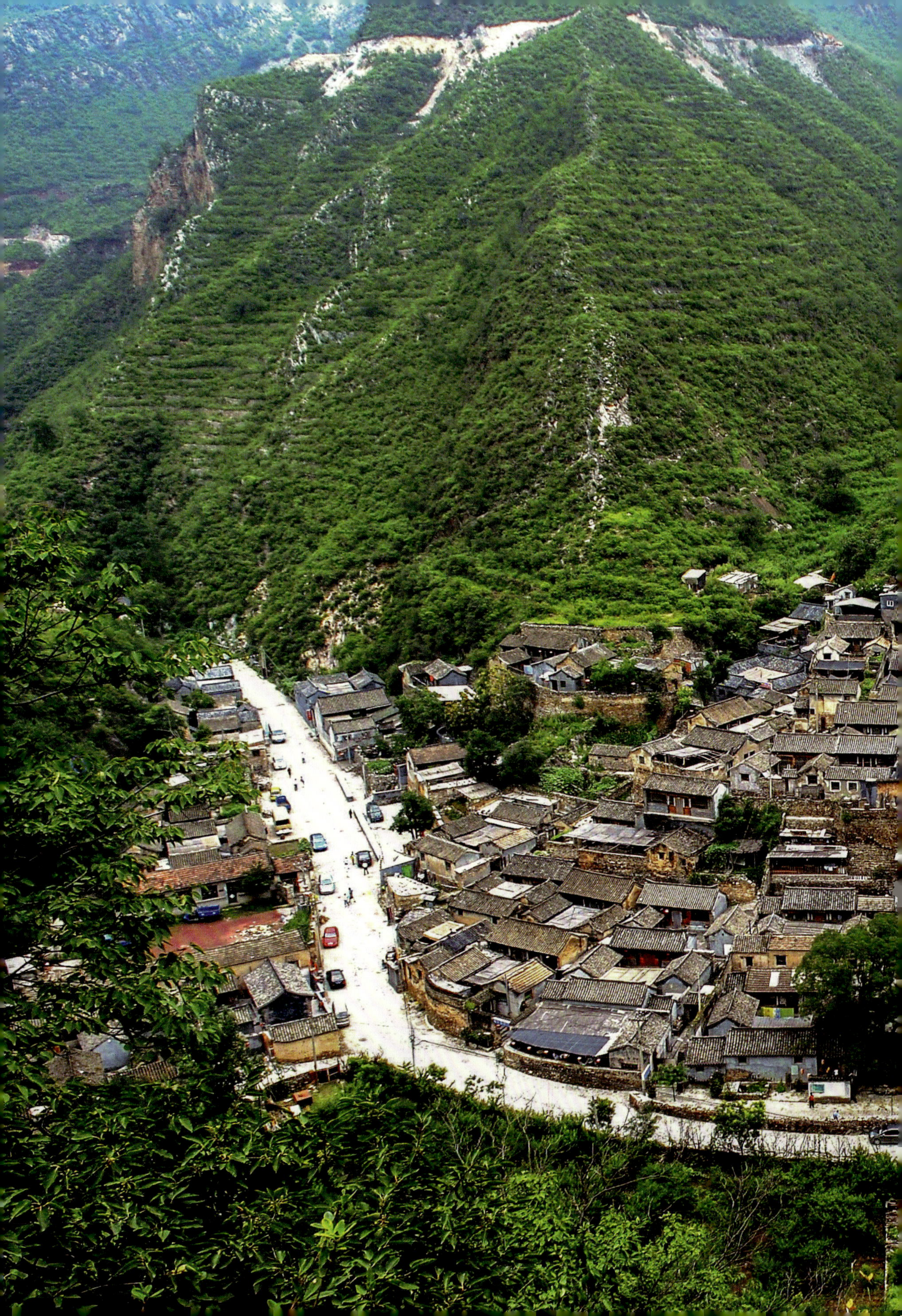

京西古村落群

古村落蕴含着深厚的历史文化信息，是中华民族优秀传统文化的重要载体和象征。门头沟区是北京市古村落数量最多、保存最完好、传统文化内涵丰富、研究价值极高的地方，大批具有原始风貌且保存完好的古村落保留下来，是门头沟的一笔特殊的人文财富。

北京道路的活化石·京西古道

门头沟是北京城西部的天然屏障。门头沟万山之中蜿蜒的古山道是沟通北京与朔漠的要道。千百年来，商旅、军队、香客往来于京西古道，蹄铁在石质的路面上磨出了无数边缘光滑的蹄窝，成为北京城市悠久历史的特殊见证。

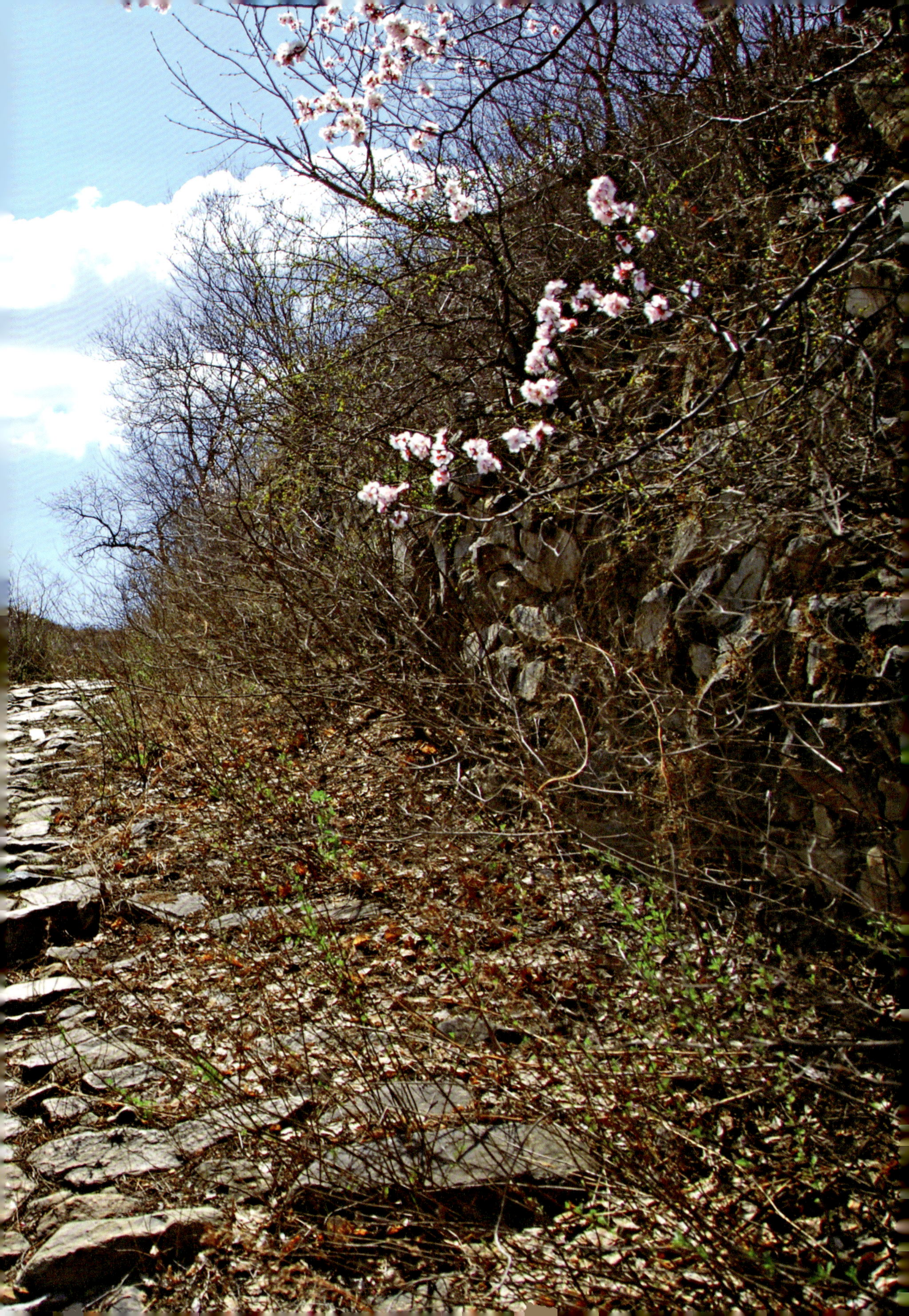

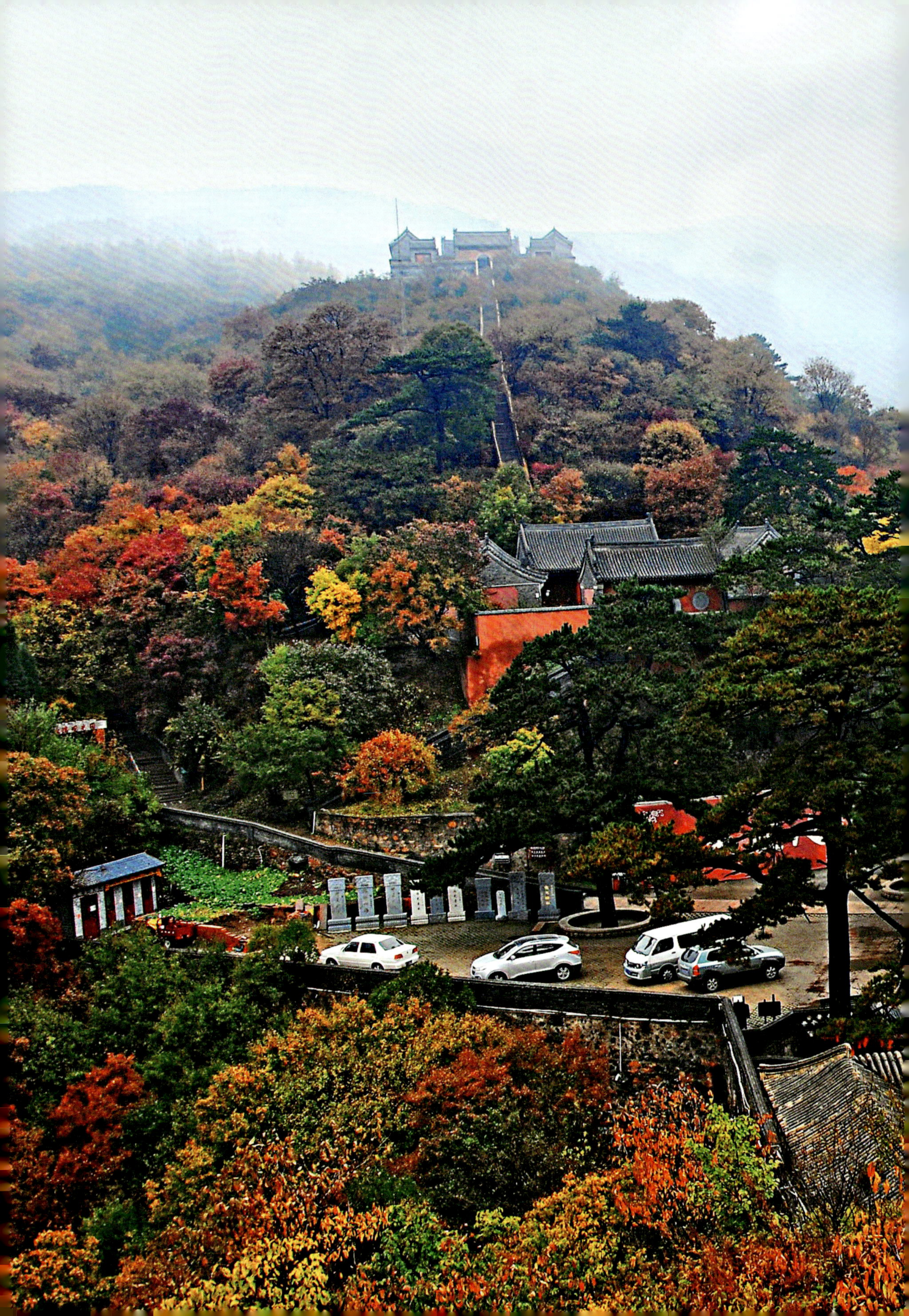

北京民俗文化圣地·金顶妙峰山

妙峰山因山势雄峻，五峰并举，妙高为其一而得名，又因奇花异卉四季常开闻名。山上名胜古迹众多，妙峰山碧霞元君祠也称娘娘庙，其殿宇依山取势，参差错落，高低有致，因合祀道、儒、释、俗各路神灵而久负盛名，是华北地区一处重要的民俗文化中心。

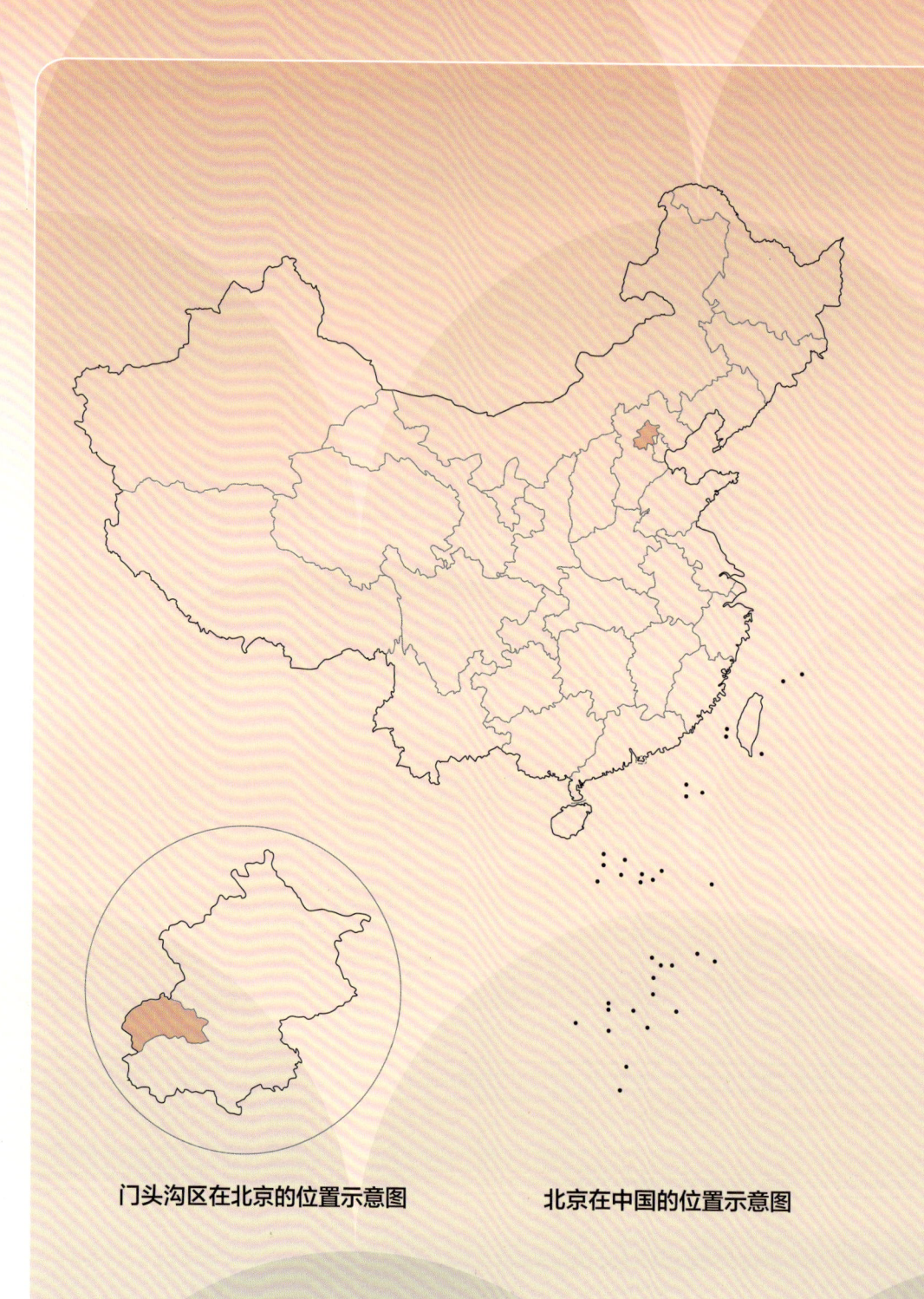

门头沟区在北京的位置示意图　　北京在中国的位置示意图

门头沟概况

政区位置
地形地貌
人口
经济
农业
工业
旅游业
生态环境

8.87%

门头沟区土地面积为
1455平方千米
占北京市土地面积
的8.87%

门头沟区

北京市

政区位置

门头沟区位于北京城区正西偏南，东西长约62千米，南北宽约34千米，总面积1455平方千米，山地面积占98.5%。东与石景山区、海淀区接壤，南与丰台区、房山区相连，西与河北省涞水县、涿鹿县为邻，北与昌平区和河北省怀来县交界。

门头沟区地形

98.5% 山地　河谷平地 1.5%

地形地貌

全区以山地为主，地势由西北向东南倾斜。西部山区是北京西山的核心部分，山形挺拔高峻、险峰叠嶂。境内有北京市的最高峰东灵山，海拔2303米；次高峰百花山，海拔1990米。境内的主要河流是永定河及其支流清水河，属于海河水系。

北京市门头沟区行政区划示意图

人口

2015年末，全区常住人口30.8万人。户籍人口总户数120668户，总人数249436人，其中非农业人口201259人，农业人口48177人。

门头沟区常住人口构成

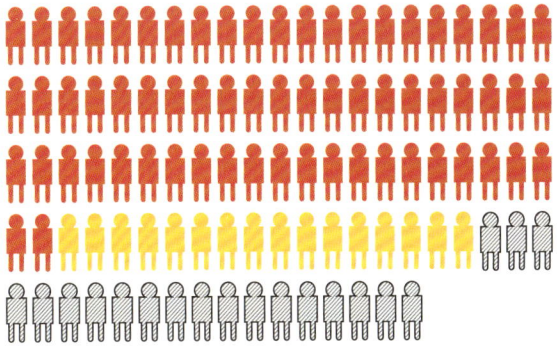

80.7%
户籍人口城镇化率

门头沟区户籍人口**24.94万人**
门头沟区常住人口30.8万人

- 户籍农村人口
- 户籍城镇人口
- 外来人口

户外运动胜地——黄草梁

经济

初步核算，2015年全区实现GDP 144.1亿元。其中第一产业实现增加值0.8亿元，第二产业实现增加值69.7亿元，第三产业实现增加值73.5亿元。三次产业结构之比为0.6：48.4：51.0。

2015年门头沟区经济结构
单位：亿元

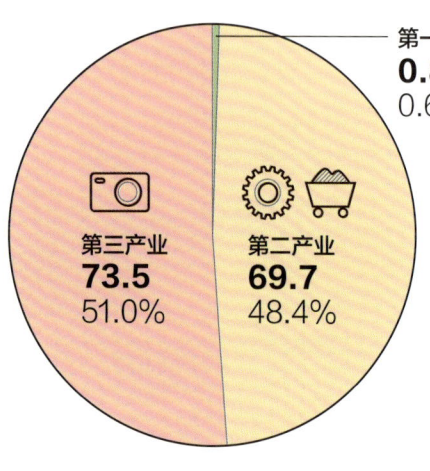

- 第一产业 0.8 0.6%
- 第三产业 73.5 51.0%
- 第二产业 69.7 48.4%

144亿元 2015年门头沟区GDP

46786元 2015年门头沟区人均GDP

农业

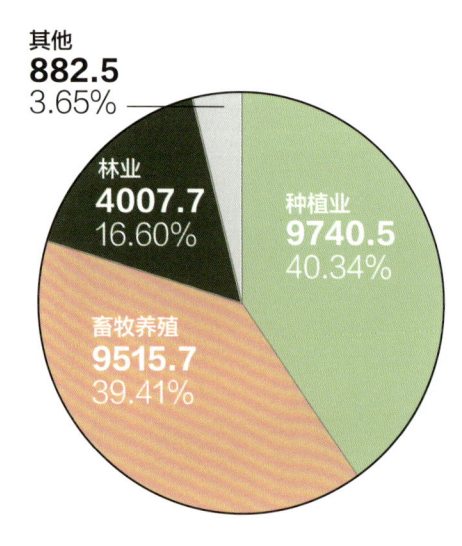

2015年，门头沟区持续深化农村改革，持续加强生态文明建设，持续推动农业、文化、旅游业同步发展，努力在培育旅游文化休闲产业上挖掘新潜力，在优化农业结构上开辟新途径，在转变农业发展方式上寻求新突破，在促进农民增收上获得新成效，在建设新农村上迈出新步伐，为农村经济社会持续健康发展提供有力支撑。

2015年，全年实现农林牧渔业总产值2.4亿元。其中，农业实现产值9740.5万元，牧业实现产值9515.7万元，林业实现产值4007.7万元。

门头沟区农业产值构成
单位：万元

- 其他 882.5 3.65%
- 林业 4007.7 16.60%
- 畜牧养殖 9515.7 39.41%
- 种植业 9740.5 40.34%

门头沟概况

北京的母亲河——永定河

工业

2015年，全区规模以上工业实现产值83.5亿元。都市型工业、现代制造业、高新技术产业和资源型工业分别实现产值5.7亿元、44.8亿元、74.0亿元和25.2亿元。

主要工业产业产值
单位：亿元

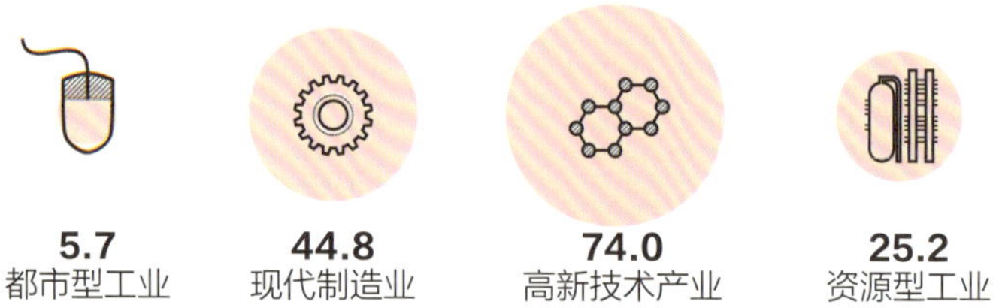

5.7	44.8	74.0	25.2
都市型工业	现代制造业	高新技术产业	资源型工业

滨水山城

旅游业

编制实施旅游文化休闲产业发展战略规划，设立京西文化旅游产业投资基金，实施国家步道、交通服务站、旅游港湾等一批项目，完成潭、戒景区整体修复，推出南石洋大峡谷、定都峰等一批景区，精品旅游村、旅游户建设和古村落保护开发成效明显，爨底下等10个村已成为中国传统村落。

全年实现旅游综合收入18.8亿元。其中住宿业实现营业收入1.7亿元；旅游景区实现营业收入2.6亿元；旅行社实现营业收入2.6亿元；旅游餐饮业实现营业收入2.2亿元；旅游商业实现营业收入6.3亿元；旅游交通实现营业收入2.2亿元；乡村旅游实现营业收入1.1亿元。

门头沟区旅游业收入来源构成
单位：亿元

- 乡村旅游收入 1.1 5.8%
- 旅游住宿收入 1.7 9.1%
- 旅游餐饮收入 2.2 11.8%
- 旅游交通收入 2.2 11.8%
- 景区收入 2.6 13.9%
- 旅行社收入 2.6 13.9%
- 旅游商业收入 6.3 33.7%

门头沟区人口与旅游业接待人数之比
单位：万人

本地人口 30.8
旅游业接待人数 118.9

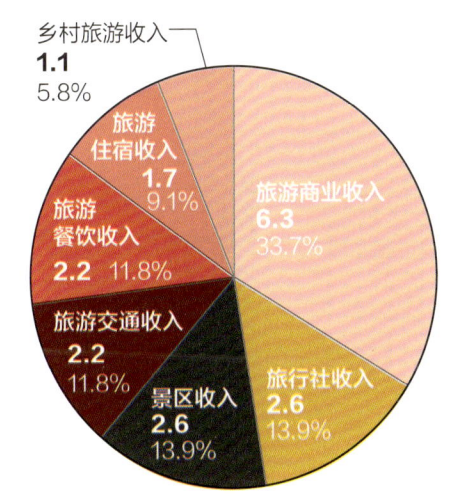

生态环境

全区生态环境持续改善，森林覆盖率达到41.18%，成为国家可持续发展实验区，国家生态文明示范区、水生态文明试点城市创建工作全面推进。

41.18% 门头沟区森林覆盖率

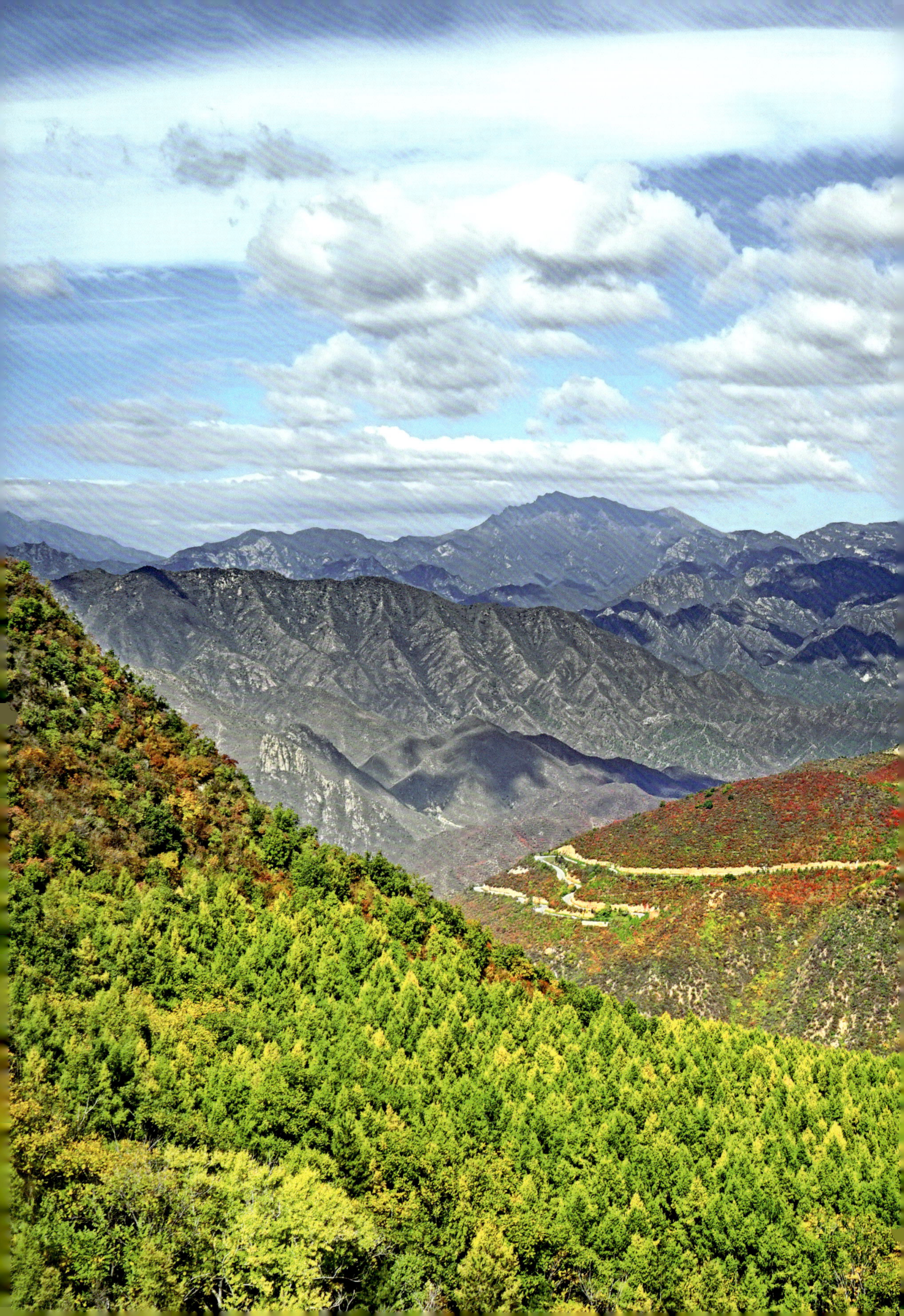

金秋百花山

历史

> 历史概况
> 门头沟名称由来
> 门头沟与北京城

北京门头沟历史沿革图

周初
先属蓟国，后属燕

战国
门头沟东部一隅属燕国渔阳郡，其余属燕上谷郡

秦
区境属广阳、上谷二郡

两汉魏晋
属幽州

南北朝至隋初
门头沟东部一隅属幽州，其余属燕州

隋、唐、后梁、后唐
属幽州

辽
属南京析津府

中华民国

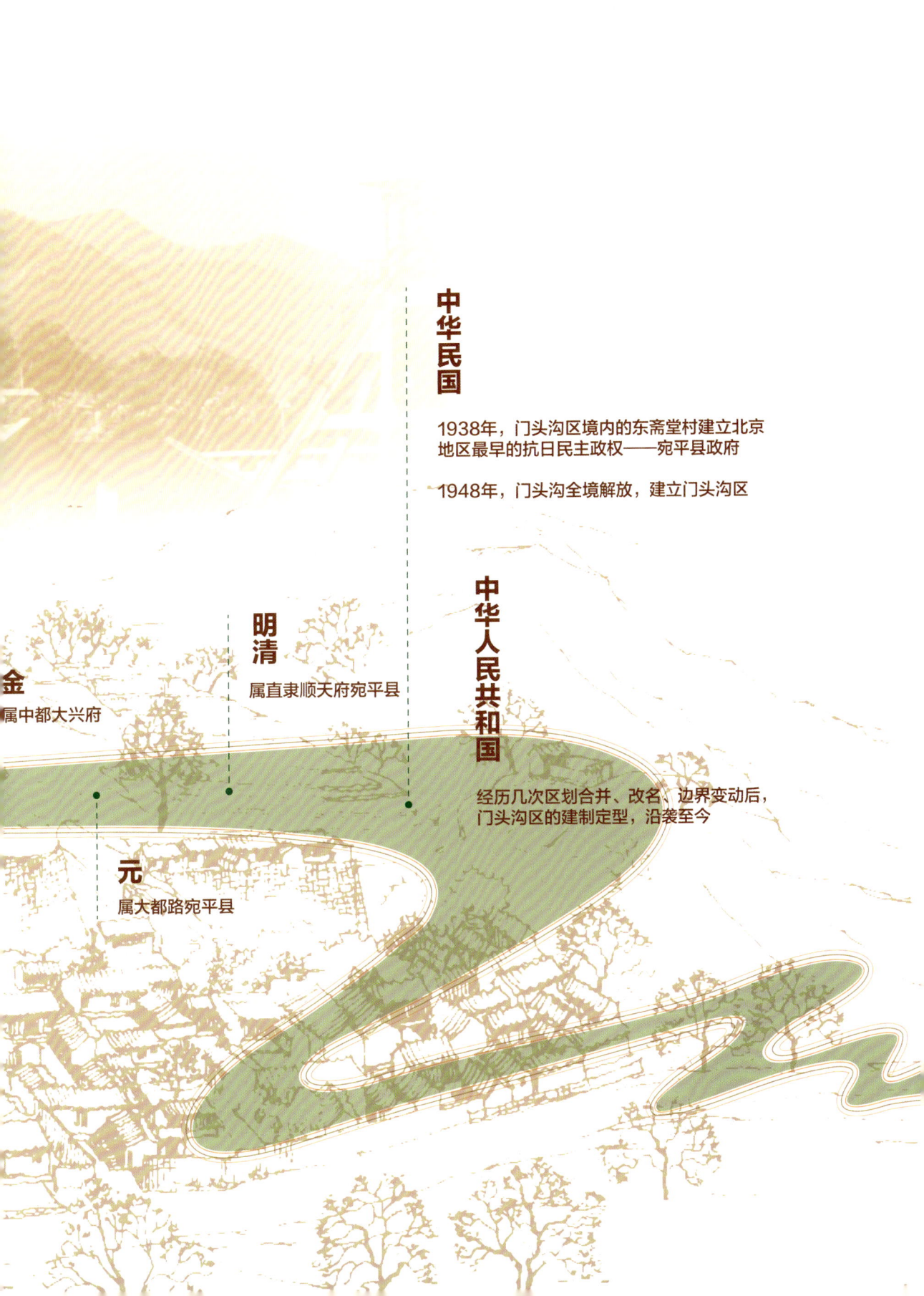

1938年，门头沟区境内的东斋堂村建立北京地区最早的抗日民主政权——宛平县政府

1948年，门头沟全境解放，建立门头沟区

中华人民共和国

经历几次区划合并、改名、边界变动后，门头沟区的建制定型，沿袭至今

明清

属直隶顺天府宛平县

金

属中都大兴府

元

属大都路宛平县

历史概况

先秦时期，门头沟属禹贡九州中的冀州。

周初分封，设燕、蓟两国，门头沟区域属蓟。燕并蓟后，归属燕。战国时期，区境东部，即今龙泉、永定、潭柘寺三镇属燕国渔阳郡，其余地域属燕上谷郡。秦并六国后，区境属广阳、上谷二郡。西汉以后，区境属幽州的涿郡、上谷、广阳等郡。

隋唐时期，本地政区调整频繁。隋初，区境内今上苇甸、王平镇范围以东属幽州蓟县，其余地域属燕州沮阳县。隋大业三年（607年），区境分属幽州的蓟、怀戎二县。唐建中二年（781年），析蓟县西部与广平县东部置幽都县，区境东部属广平县。光启年间，置永兴、矾山二县，区境西部属矾山县。乾宁三年（896年），割据幽州的刘仁恭撤矾山县、幽都县，置玉河县。

五代之后，玉河县先属辽南京析津府（今北京），后属金中都大兴府（今北京）。金天眷元年（1138年），玉河县废，区境归属宛平县。元朝时，区境内大部分属大都路（今北京）宛平县，仅沿河城一带初属矾山县，后归怀来县。

明洪武元年（1368年），元大都被改为北平府，后又改为顺天府，宛平县属之。嘉靖三十三年（1554年），沿河城地区归属宛平县。从此，门头沟全境长期隶属宛平，直至1948年底门头沟全境解放。

20世纪20年代，中国共产党开始在区境内建立党的组织，领导工农运动。七七事变后，八路军邓（华）宋（时轮）支队到斋堂一带开辟平西抗日根据地。1938年3月，在东斋堂村建立了北京地区最早的抗日民主政权——宛平县政府。

1948年12月，门头沟全境解放，现龙泉镇、永定镇、潭柘寺镇一起脱离河北省宛平县，先后改称北平市门头沟区、北平市二十八区、北平市二十区、北平市十六区。1952年9月，北京市十六区与河北省宛平县合并为北京市京西矿区。1958年5月，北京市撤销京西矿区，除部分区域划归房山区和石景山区外，主体部分设立门头沟区，沿袭至今。

门头沟的一处古关城

门头沟名称由来

"门头沟"具体是指哪条沟谷？具体在什么地方？它又是怎样成为区名的呢？

在明清时期，门城地区（龙泉镇）属宛平县玉河乡。从横岭到大峪村有一条东西向长达11千米的沟谷，北面是九龙山，南面是南大梁，唐末修建的玉河古道即沿着这条沟谷向西，通往门头沟区腹地的斋堂川，远行山西及内蒙古。现在的门头口村是这条沟谷中的一个重要节点。从这个节点向西，沟谷狭窄，坡度逐渐加大；从这个节点向东，沟谷逐渐开阔，地势渐趋平坦。

明代，都城北京长期受到蒙古威胁，朝廷在京西山区修建了内长城，作为保护京城的最后一道防线。朝廷还在每条山路的关键部位修建了关城，驻军把守。当时，门头口村也建有一座扼守古玉河大道咽喉的关城，关城的驻军承担守备、缉匪、收税等事务。入清之后，长城内外一统，京城西部的关城失去了军事作用，关城的城台上修建起了庙宇，逐渐演变成过街楼。由于玉河古道从关城下面通过，而关城的门洞又是

黄草梁长城

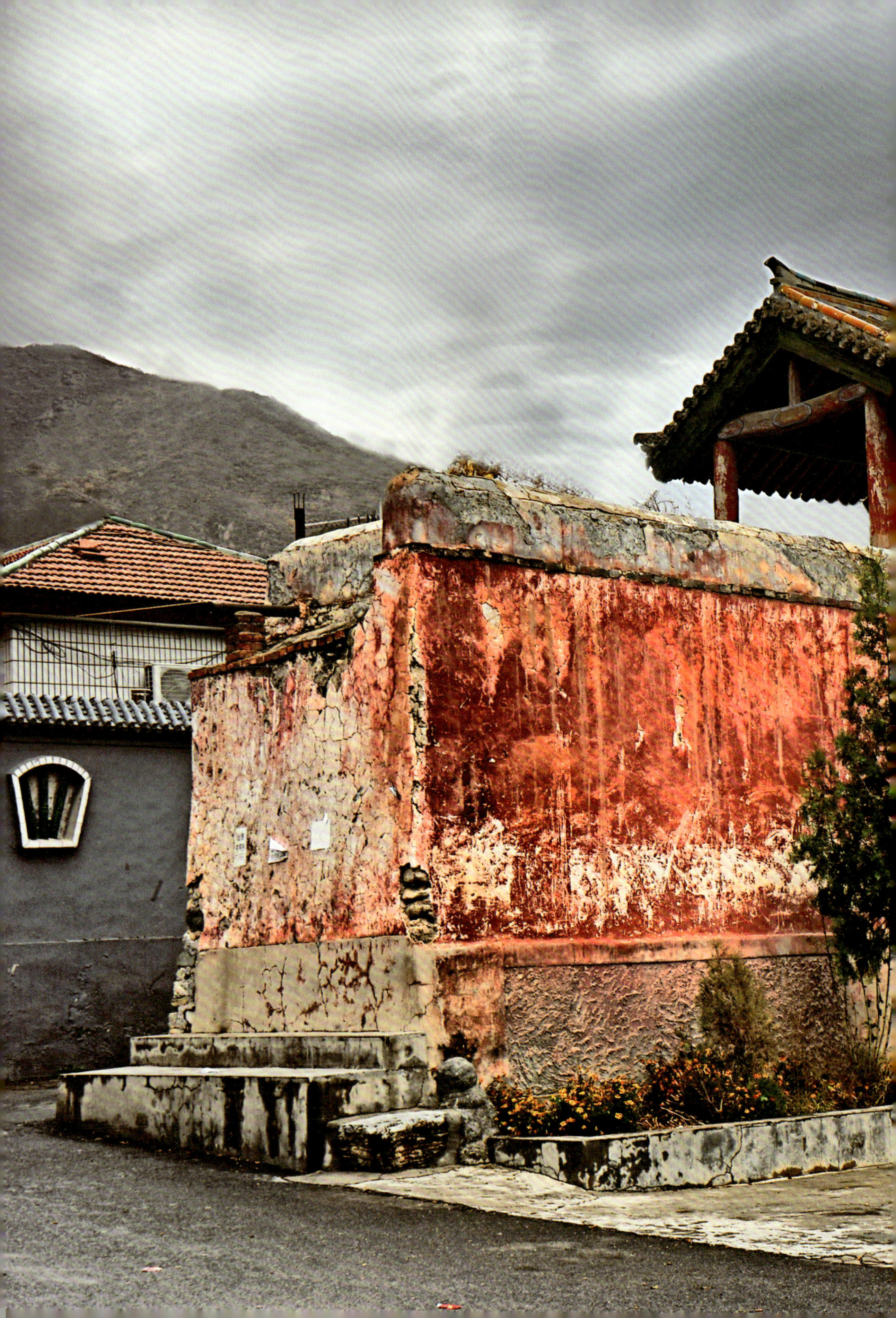

古村落

燕家台关城

圈门过街楼

拱券形的,所以人们就把这座建筑称为"券门",依谐音叫作"圈门"。以过街楼为界,这条沟谷分成了两部分,过街楼以西称为"门头沟",意思是"圈门前头的沟谷";过街楼以东,以地处沟谷出口的村庄命名,

叫作"大峪沟"。这是"门头沟"名字由来较为权威的说法。

门头沟北侧的九龙山下蕴藏着丰富的煤炭资源，早在辽代，这一带的煤炭开采业就已经初具规模；到了元代，煤炭已经成为大都（今北京）城市生活中广泛使用的燃料，门头沟一带的煤炭行业日益兴盛；明清时期，京西煤炭逐渐成为京城的主要生活能源，而当时京西的煤窑主要集中在门头沟。据统计，明清时门头沟的煤窑不下百座。采煤业的发达，促进了这一地区的繁荣发展，定居于此的人也越来越多，"井屋鳞次，烟火万家"。从东向西，沿着沟谷两侧，形成了门头口、宽街、炉灰坡（龙凤坡）、东店、中店、西店、冉家楼、孙桥、梁桥、天桥浮、拉拉湖、孟家胡同、横岭、匣石窑、官厅等村庄和居民点，沟谷中房舍连绵不断，号称"十三里长街"。

近代，外国侵略者打开了中国的大门之后，也开始觊觎中国首都

门头沟煤矿旧景

旧时驮运煤炭所用的鞍具

近旁的门头沟煤矿。清同治元年（1862年），英国大使馆翻译柏卓安最先进入门头沟，对这里的煤炭资源进行了调查。此后，美籍采矿工程师庞伯里、美国地质学家崩派、英国商人海德逊、德国地质学家李希霍芬、德国人梭尔等，纷纷进入京西进行地质考察，并写出了一些考察报告。其中一部地质考察著作，将九龙山南麓、沟谷中过街楼以西的煤产区，称为"门头沟煤田"，"门头沟"一词首次出现在近代著作之中。在此后的文献中，"门头沟"就正式成为京西煤炭产区的名称。

1917年，位于圈门东侧的中英合办裕懋煤矿公司改称为"中英合办门头沟煤矿公司"，这是当时北京最大的煤矿企业。从此，"门头沟"的名字就随着煤炭的远销传播到了海内外。那时，一说到"门头沟"，人们首先想到的就是煤炭；提到煤炭，人们也自然会想到"门头沟"。

1947年，北平特别市在此地设立"门头沟镇"，这是"门头沟"三个字第一次作为行政区划名称使用。1949年7月，北平市人民政府成立"门头沟区"，之后，门头沟地区的行政区划和政区名称多次调整，直到1958年5月，"门头沟"作为市辖区名才固定了下来，沿袭至今。

门头沟与北京城

门头沟位于北京西部郊区，距离市中心约25千米，和北京城关系紧密，是北京市的重要组成部分。

永定河怀古

永定河是北京市的第一大河，由于历史上的北京城市发展演进与永定河息息相关，所以永定河又有"北京的母亲河"之誉。永定河北京段长170千米，其中门头沟段长100.5千米，是永定河流经北京市的主体部分，永定河与北京城千丝万缕的联系都绕不过门头沟。

首先，永定河为北京城的建立提供了优良的地理空间。永定河发源于山西省宁武县管涔山，从河北省怀来县官厅进入北京大西山，奔腾百余千米，从门头沟的三家店出山。出山之后，水流速度变缓，泥沙沉积，逐渐形成了以门头沟三家店为顶点的北京湾洪积冲积扇，这就是北京小平原，其范围北至清河—温榆河下游，南至大清河，西至小清河，东至北运河，总面积达7500平方千米。北京城就坐落在永定河冲积扇的脊部，

永定河远古河道与当代北京城市水体

千年古都正是在永定河携来的泥沙之上筑成了自己的辉煌。

历史上的永定河由于含泥沙量大,易导致河道淤塞,因而经常改道。北京城里的后海、积水潭、什刹海、北海、中南海、龙潭湖等水域,都是永定河故道的遗存。在永定河河水的余波中,北京城千年不绝的灵气与妖娆得以孕育。

北京城市史的起点是3000多年前的蓟城,自古蓟城到金中都的2000余年间,古北京城的城址始终位于今西城区广安门内外一带。这里是中原、松辽和西北草原间交通要道的会合处,也靠近永定河边的大道渡口。在城西原来有一个大湖,名叫"西湖",即今莲花池的前身。"湖有二源,水俱出(蓟)县西北平地,道(导)泉流结西湖。湖东西二里,南北三里,盖燕之旧湖也。绿水澄澹,川亭望远,亦为游瞩之胜所也。湖水东流为洗马沟，侧城南门东注。"显然，这个方圆十里的大湖就是古蓟城的水源。其湖水以蓟城西北的泉水为源头，而这泉水无疑是古永定河水流出山口之后渗入地下而又复出的。归根结底，永定河两岸的地下潜水资源对于北京城市的早期发展起到了重要作用。历史上，北京一带的先民，对永定河进行了充分地开发利用，发展航运、灌溉和防洪事业，在中国水利史上写下重要一笔。魏嘉平二年（250年），镇北将军刘靖镇守幽州，屯据险要。为解决军粮问题，发展农业生产，刘靖亲自筹划设计，组织千名戍卒，在灅水（今永定河）出山口下游筑堰蓄水，并开挖水口和车厢渠。《水经·鲍丘水注》引《刘靖碑》记述，该工程"长岸峻固，直截中流，积石笼以为主遏，高一丈，东西长三十

永定河与北京城市的选址定位

通往北方草原地区

永定河洪水泛滥区域　古道路　三环路　今地名

北京前身——蓟城的主要区位要素

1. 中原地区通往辽东、塞北的陆路交通要冲
2. 蓟城距离永定河渡口最近，同时又避开了永定河洪水泛滥区域
3. 莲花池水系是稳定、近便的水源

三环路

二环路

通往松辽地区

今北京市中心城区

古蓟城

莲花池

通往中原农耕区

通往渤海西岸

永定河

永定河渡口

丈，南北广七十余步。依北岸立水门（即引水口），门广四丈，立水十丈"。这里的"积石笼以为主遏"，指的是用永定河两岸盛产的柳条和附近山上的荆条编织成笼，装入河中的大块卵石，再将这些石笼按下宽上窄的形制纵横咬合排列，最终筑成坚固的拦河堰。堰是一种较低的拦水坝，有分流和溢水功能。堰的构筑，抬高了其上游的水位，便于把河水引入人工开挖的引水口和渠道，在丰水时节，多余的河水可以从堰的顶部漫溢而过，注入下游河道。工程完工后，从引水口分流的河水从车厢渠向东注入高梁河，可以"灌田，岁二千顷"。由于这个堰的位置在戾陵（西汉时期燕王刘旦墓）附近，所以被称为戾陵堰，亦称戾陵遏。

西晋元康四年（294 年），幽州上谷地区发生两次大地震，戾陵遏

魏晋时期的戾陵遏与车厢渠

三环路/紫竹院　今地名/水域
车厢渠　古水域

受损。元康五年（295年）夏六月，灅水发生洪水，将戾陵遏冲毁四分之三。刘靖的幼子、骁骑将军刘宏受命重修戾陵遏，他督率士卒2000人，"起长岸，立石渠，修立遏，治水门，兴复利通塞之宜，准遵旧制，凡用功四万有余焉"。迁居幽州一带的鲜卑、乌丸等部族踊跃参加建设，"不召而自至，襁负而事者盖数千人"，戾陵遏和车厢渠的功能重新恢复。

北魏孝明帝在位期间（516—528年），幽州地区一度"水旱不调，民多饥饿"。时任平北大将军、幽州刺史的裴延儁奏请朝廷重新营造戾陵遏水利工程，得到批准。裴延儁亲临现场，考察地形水势，精心筹划施工，终于使废毁的戾陵遏重新发挥作用。在戾陵遏修筑以后的很长一段时期内，永定河的水利修治不绝于史，但宥于技术水平等客观因素，工程多集中在戾陵遏所在的河段及其下游，规模有限，因而常修常废，不能从根本上实现"水旱从人"。

在戾陵遏建成900多年后的金代，中都（今北京）成为北方政治中心，作为都城水源的西湖之水关系重大，金统治者从东、南、西三面扩建中都城，将西湖下游的洗马沟圈入城中，洗马沟流经皇城南门（今宣武门）外，又向东南流入护城河。现已发掘出来并已修建起地下博物馆的金中都南城墙下水关遗址，就是该河流出中都城的水门。

金世宗大定十年（1170年），朝臣会商导引卢沟河（永定河）水以通京师漕运。世宗高兴地说："如此，则诸路之物可径达京师，利孰大焉！"这次开凿的就是金口与金口河。金口在石景山北麓，即今石景山发电厂处。金口河自金口往东，向南经新安村南、古城北，转向东北，经杨家庄南，又曲屈向东，经龚村南、老山北、梁公庵北，又东经铁家坟北、篱笆店南、甄家坟北、定慧寺南，东至今玉渊潭，又自东而南，在木樨地东南流入金中都北护城壕，再向东大致经宣武门内受水河胡同、旧帘子胡同、人民大会堂南、历史博物馆南、台基厂三条、船板胡同、北京站南部等地，下接通惠河河道，东至通州。虽然金代开金口与金口河的设想是美好的，但是工程失败了。因为"及渠成，以地势高峻，水性浑浊。峻则奔流漩洄，啮岸善崩；浊则泥淖淤塞，积滓成浅，不能胜舟"。大定二十七年（1187年）三月，金人为保障京师安全，防止永定河上游来水从金口河灌入京城，将金口堵塞，金代的永定河修治到此结束。

时间到了元代初年，元世祖忽必烈登基前，部属霸突鲁进言："幽燕之地，龙盘虎踞，形势雄伟，南控江淮，北连朔漠，且天子必居中，以受四方朝觐。大王果欲经营天下，驻跸之所，非燕不可。"迨在开平即位后，忽必烈便选定中都作为新王朝的都城，他放弃了金中都旧城，而在其东北郊另建新城，是为元大都。在金中都西北郊外，原有一系列湖泊，湖水经高梁河流向东南。金代曾利用这些水泊，修建了一座皇室离宫，初名太宁宫，后改寿宁宫、寿安宫、万宁宫，这处金代宫苑成为元大都规划设计的基础。此外，金代曾"为闸高良（梁）河、白莲潭诸水，以通山东、河北之粟"，所谓"白莲潭"指的就是中都城东北郊外的水泊，也就是今什刹海、北海、中海的前身。元大都将白莲潭（亦称积水潭）圈入城内，它与南北大运河相通，是运河最北端的港口。白莲潭的南部也被圈入皇城内，改称太液池。由此，太液池和积水潭成为元大都的重要组成部分。一方面，它们是元大都规划设计的重要依据；另一方面，它们成为南北大运河的起点，为北京城的长期繁荣奠定了坚实基础。

在郭守敬的指导规划之下，开凿于金代、废弃百年之久的金口河也重新浚通，并发挥了很大的效益。为了修建大都城，郭守敬向忽必烈进言："金时，自燕京之西麻峪村，分引卢沟一支东流，穿西山而出，

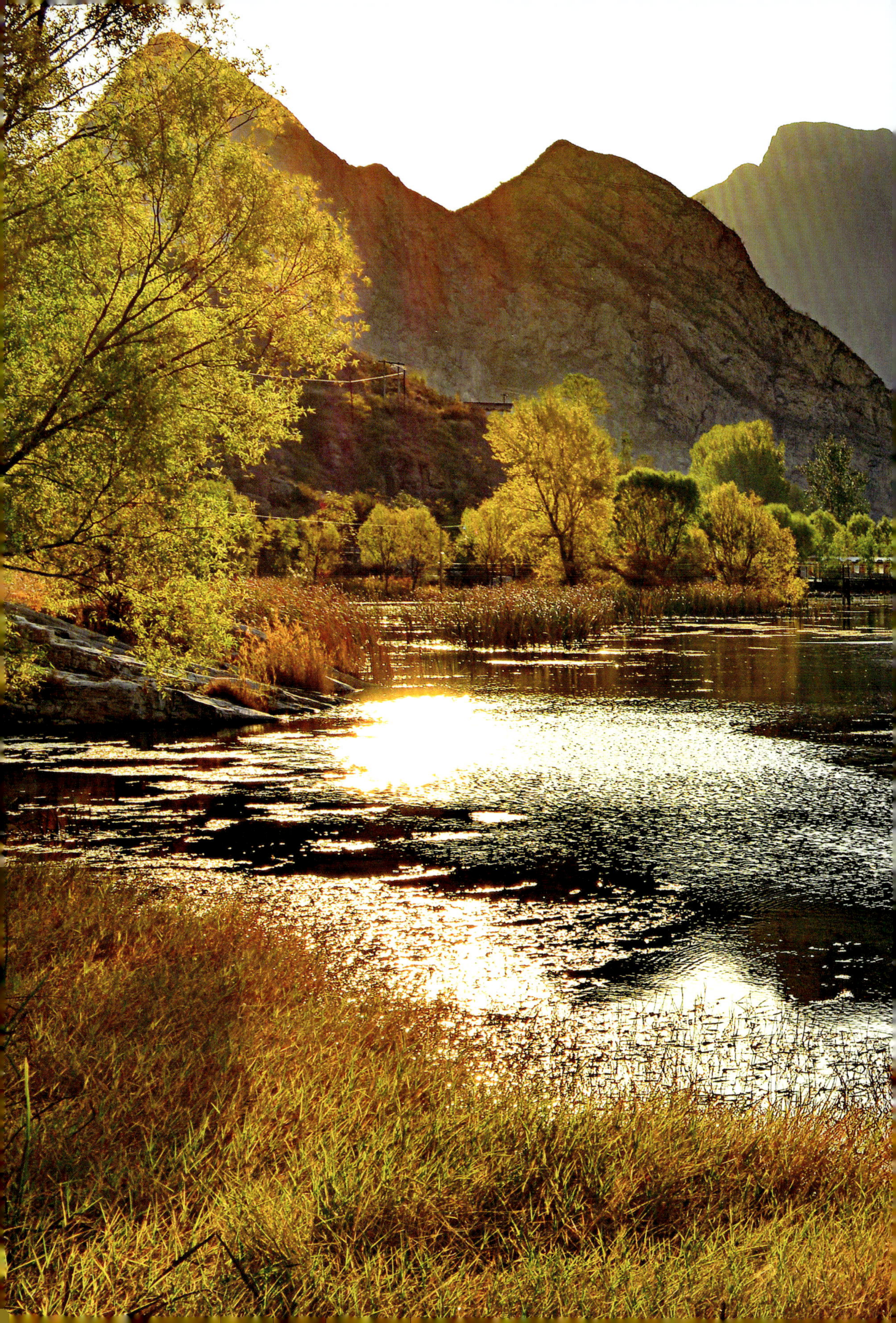

河谷芦花香

是谓金口。其水自金口以东、燕京以北，灌田若干顷。兵兴以来，典守者惧有失以大石塞之。今若按视故迹，使水得能流，上可以致西山之利，下可以广京畿之漕……当于金口西预开减水口，西南还大河，令其深广，以防涨水突入之患。"元世祖听后极为赞赏，遂令"凿金口，导卢沟（永定河）水，以漕西山木石"。这项工程是修建大都城的前期工程，发挥效益30余年，为修建大都城"漕西山木石"创造了有利的条件，产自

金元时期的金口河与北京城

门头沟山区的木料、石材，从永定河、金口河源源不断地运送到元大都城的建设工地上，而永定河水也从金口河流入新开的通惠河中，增加了通惠河的水量，使转输钱粮税赋的南方漕船得以顺畅地驶入大都城内的积水潭。

元、明、清三代，由于上游植被减少等原因，永定河下游水患增多，成为京师河防重点。清光绪七年（1881年），左宗棠任大学士兼军机大臣，力主治理永定河。他认为，历代修治永定河之所以不能一劳永逸，是因为治河者都只修治下游，而未修治上游，为此，他正式向朝廷提出"治理永定河上源"的主张，计划在今门头沟区境内的永定河出山口一带动工治水，获得了朝廷批准。正当水利工程全面展开之时，左宗棠却调任两江总督，剩下的工程则由他的部下、有治水经验的王德榜主持。从光绪七年闰七月十七日（1881年9月10日）开始勘察设计，绘图后经左宗棠批准，于光绪七年八月二十日（1881年10月12日）开工，到光绪八年四月初六（1882年5月22日）完工，历时7个月零10天。

在工程建设过程中，王德榜督率部属，从下苇甸、丁家滩开始动工，先修建成了下苇甸、丁家滩、车子崖、水峪嘴四处水利工程。之后，工程人员又在城子村一带修建琉璃局山嘴的水利工程。工程人员首先筑拦河坝，同时修筑一条沿永定河西岸从北向南引水的引水渠，在水渠修建过程中，工程建设者用炸药炸开山石，修石渠数百米，使渠水从城子村一直流到卧龙岗，因而这条渠道得名"城龙灌渠"。灌渠的渠首建迎水桥一座，桥下开涵洞三孔。水通过涵洞进入渠道，若遇到凌汛，河水上层的冰块为涵洞所阻，不致入渠为害。迎水桥之南又砌束水桥一座，下开涵洞三孔，每孔旁开泄水口门一道。如果遇到洪水，因有涵洞的限制，多余之水从泄水口排入永定河道，避免了洪水漫溢。渠首下游砌迎水坝二道，下接三道大渠。右渠从城子村过葡萄嘴至卧龙岗，中左二渠砌石凳槽（渡槽）8道，作拦腰闸29道，分支渠21道，为了保护农田又砌护岸长堤一道。琉璃局山嘴和城龙灌渠水利工程，是中华人民共和国成立以前京西地区修建的规模最大的一处水利工程，其中，城龙灌渠一直使用到20世纪90年代，炸药爆破等近代水利工程技术的大量应用，是该工程长期发挥效用的重要原因。

1956年，为了加快北京城市建设的步伐，满足城市日益增长的用水需求，北京市政府决定修建永定河引水渠工程。

引水渠工程由水利部和北京水利电力勘测设计院联合设计。设计确定以三家店为渠首枢纽，设拦河闸一道。拦河闸净宽204米，有17孔，

永定河引水工程

每孔宽12米，安装8座8米高的弧形钢闸门，闸墩上北部设机架桥，南部设公路桥。渠水出三家店水闸，经模式口向东，过西黄村后，利用南旱河下段，经玉渊潭到西便门，直接与护城河相接，并采取宽线式断面，使之成为首都中心区的一条观赏性河道。为了给城区北部河湖供水，1956年1月，永定河引水工程指挥部成立，由水利部和北京市联合组成，副市长薛子正任指挥。三家店拦河闸与模式口隧洞由水利部建设工程总局第三机械工程总队负责施工，引水渠和沿线的水工建筑由北京市上下水道工程局河湖工程处负责施工，参加施工的还有北京铁路局和市道路工程局等单位。

引水渠土方工程主要依靠人工开挖，主要劳动力包括北京市和河北省的民工以及北京市各行业的义务劳动者，驻京部队是义务劳动的主力。先后有4.3万余人次和50余部车辆参加施工，整个工程完成土石方300余万立方米，各种水利工程建筑物如沟槽、倒虹吸、涵桥等共72座，引水渠在门头沟区境内的河段总长约1500米。

三家店水闸和永定河引水渠自1956年底全部竣工以后，取得了重大的经济和社会效益，为首都的建设和发展发挥了重要作用。到1995年，进水闸为用户供、配水达300余亿立方米，主要用户为首都钢铁公司、市第一轧钢厂、北京钢厂、高井电厂、石景山电厂、第一和第二热电厂、燕山石油化工公司等大型企业。引水渠还为门头沟、石景山、大兴、海淀、朝阳、通州、丰台七个区的农田提供了灌溉用水91亿立方米，灌溉面积达6.13万公顷。另外，水闸还为城子水厂和田村水厂供水2亿立方米。除了生产、生活供水之外，引水渠还为城市、河湖进行补水和换水，总计达1亿立方米，并结合防洪回灌地下水2.27亿立方米。

三家店水闸上的铁路桥

门头沟的物产与北京城市发展

历史上的门头沟是北京城重要的物质资料供给地，在门头沟所产各项物料中，以木材、石材、琉璃、煤炭四项为最。

历史上，门头沟的山区曾遍布茂密的原始森林，大量产自门头沟的木材或用于北京城中殿宇房舍的修建，或作为薪柴用于城内居民的炊爨。现藏于国家博物馆中的元代名画《卢沟运筏图》就是这个史实最好的证明。从画中看，卢沟桥附近是一个重要的木材中转站。元代兴建大都，建筑工程需要大量木材，同时大都的居民在日常生活中也需要大量木柴薪炭。永定河上游就成为距离近便、资源丰富的原木供应地。上起辽金，下至明清，莫不如此。近千年辉煌的建都史背后，是京西山区的童山濯濯。西山林木资源的消耗殆尽，也造成了大量水土流失，使永定河成为威胁北京城市安全的主要水患来源，每逢伏秋雨季，上自庙堂，下至闾阎，莫不战战惶惶。

明代的《宛署杂记》记载，门头沟区斋堂镇的火钻村（火村），就是当时放"马口柴"之地；石景山区的杨木厂则是捞取马口柴的地方。马口柴是明代宫中膳房所用之柴，其柴四尺许，两端刻两口，以绳缚之，故名。京西的樵夫在斋堂川砍伐了树木，截成一米长左右的马口柴，用绳子捆好，在火村放入清水河。马口柴顺水漂流，到青白口进入永定河，继续往下漂流，到今石景山区的杨木厂被捞出来，晾干后，装车运往京城，供皇宫膳房使用。

门头沟山区还盛产石材，历代修建北京城，常采石于此。在门头沟永定镇有两个村子，一个叫石厂，一个叫石门营。石厂村是明代皇家采石场的所在地，石门营则是守卫采石场军队的兵营。

卢沟运筏图

在石厂村保留有两块明代开采石材的碑刻，记录了当时有关开采石料的史实。

一块是"大明永乐年开取石料官山塘口"碑。碑文曰："马鞍山石厂四至记：东至何家庄，西至苛萝坨迤西并明扒煤窑烧造等处，南至石河南岸，北至碾子塘冷泉等处。"朝廷为石厂界定四至，其主要目的是垄断青石资源。在建设北京的过程中，工程中所用的青石，主要来自石厂。石厂青龙山的青石自古被誉为青石之中的极品。明初营建北京城，也是根据石厂青石在以往的工程中呈现出的优良特性，而将其选用为宫殿建设的材料。

另一块是碑是"采石碑"，立于明嘉靖年间，碑文记载了嘉靖年间，产于石厂青龙山的青石在十几项宫廷重点建设工程中发挥了重要作用，描述了这里青石开采工程的宏大规模。碑文云："大明嘉靖拾叁年柒月拾柒日起，建造皇史宬、太宗等庙、启祥等宫、玄极宝殿、奉先等殿，天寿山诸陵、寿宫、行宫、清虚殿、金海大桥、慈庆宫、慈宁宫、城垣工所、颖伤王坟、泾王坟……"碑阴镌刻："……掌尺寸工部文司院副使等官（徐聪等二十一人），锦衣卫旗校：刘冲、董云；营卫官军士二千员名。工部：雇工石匠头□□等一千名。雇慕夫役头□□等一千五百名。"由碑文所描述的规模可见石厂当时在宫廷建设中的特殊位置，而"钦差管理工程"亦表现出了宫廷对青石开采的重视。从"营卫官军士两千员""掌尺寸工部文司院副使等官二十一人"等数字来看，明代石厂青石开采工程的规模之大是非同一般的。

1982年5月，中国地质博物馆派出的专家考察组一行9人，带着相关资料及设备来到了潭柘寺镇阳坡园碑子石地块进行地质调查。在离碑子石地块几百米远的山坡上发现了一块碑刻，长4.5米，宽3.2米，

历史上门头沟的主要物产产区示意图

- ▲ 重要关城
- — 重要道路
- 🌳 木材采伐区域
- 🛒 煤矿
- ⚒ 采石场
- 🏮 琉璃窑

黄昏的永定河

高出地面 1.65 米。石碑上有 24 个字，纵向分两行排列，第一排为："内宫监紫石官塘界"，第二排为："钦差提督马鞍山监管理工程太监何立"。此后，他们又发现了两处露天开采紫石的深坑，每个坑都有 200 多平方米，三四米深。在采紫石坑的西部山洼 300 多米处，又发现了一个涵洞，洞口高 4 米多，全是紫石的。洞口右侧还刻有"紫石塘"三个大字，说明该洞也是开采紫石凿出来的，深度有十几米。在离两个采石坑右上方 200 米处，又发现了一个用石头砌成的平台，有 200 多平方米。经故宫博物院历史组考证：明英宗正统年间，朝廷确实在京西马鞍山开采过紫石，所立石碑之碑文内容与故宫博物院原始记载吻合。山上建的平台是"监工台"，为当时官吏们监督、指挥、办公之地。从故宫的历史记载来看，重修太和殿的皇帝宝座下的基座用了马鞍山紫石，乾坤殿

潭柘紫石砚

前铜龟、铜鹤的底座为紫石，乾隆花园的围杆栏板中有九根立柱也是用紫石雕琢而成的。

琉璃是门头沟的又一项重要物产。入选中国历史文化名村的门头沟区龙泉镇琉璃渠村在历史上建有皇家琉璃窑厂，至今窑火不熄。"没有琉璃渠村，就没有北京城的辉煌！"这是琉璃渠村的老人们经常挂在嘴边的一句话，言语中透露出一种自豪感。北京城最抢眼的地方，无疑就是故宫、北海、景山、天坛和颐和园等，而这些地方最抢眼的又是琉璃砖瓦和各种琉璃构件，这些琉璃制品大部分是琉璃渠村烧造出来的；而北京的现代建筑，诸如人民大会堂、国家博物馆、毛主席纪念堂、军事博物馆、中国美术馆、北京火车站、北京西站、民族文化宫等国家级建筑上所使用的琉璃制品，也全部都是由琉璃渠村烧制出来的。琉璃渠村的一盏窑火为北京城的天际线贡献了最为古朴、灿烂的色彩。

《元史·百官志》载："大都凡四窑场，秩从六品。提领、大使、副使各一员，领匠夫三百余户，营造素白琉璃瓦，隶少府监，元至元十三年（1276年）置，其属三：南窑场，大使、副使各一员，中统四年（1263年）置；西窑场，大使、副使各一员，至元四年（1267年）置；琉璃局，大使、副使各一员，中统四年置。"元代建都北京，由于兴建宫殿、园林、陵墓、佛塔、庵观、坛庙等需要大量的琉璃制品，为此设立了专管窑务的官员，隶属于少府监。南窑场在今和平门外琉璃厂，西窑场在公主坟。琉璃局就是琉璃渠村的本名。西、南窑场规模都不大，它们均利用琉璃局的坩子土原料泥烧制的构件坯体，涂覆釉料后再烧造出琉璃成品，因此，当时最大的生产场地及原料供应地是在琉璃局。清乾隆年间，工部琉璃窑厂由京城迁至京西琉璃局，在此烧制皇家所用琉璃制品。自此以后，琉璃渠窑厂就成为唯一的琉璃官窑厂，皇家建筑所用的琉璃制品全部由琉璃渠供应。

琉璃渠窑自元代开始，一直由被称作"琉璃窑赵"的赵氏家族掌管。史料记载最清楚的是清代。当时，琉璃窑赵曾和负责皇家建筑设计的"样式雷"前后六代人进行合作，为北京城皇家建筑的建筑和修缮作出了不可替代的贡献。在《北京经济史话》一书中，有王伟杰先生写的一篇《为皇家建筑服务的"琉璃窑赵"与"样式雷"》，文中记载：样式雷首先绘出所需砖瓦的尺寸、式样，然后琉璃窑赵再"依此制为模型，烧成胚子，镌刻花纹"，二者密切配合。琉璃窑赵只管烧制砖瓦，不管建筑；而样式雷为"主持建筑工程全局者"。琉璃烧制得好坏，由琉璃窑赵负责；至于"式样不良，形态不佳则唯样式雷是问"。琉璃窑赵为皇家大小各项建筑工程提供琉璃构件，最著名的工程有紫禁城、太庙、社稷坛、天坛、地坛、东陵、西陵、圆明园和颐和园等。随着工程需求量的加大，康熙至道光年间，琉璃渠村中的窑厂作坊数量增加，最多时达到了40余座。据中国建筑史学大家刘敦桢的《琉璃窑轶闻》（1932年）记载，北平琉璃窑赵"元时自山西迁来，初建窑宣武门外海王村，嗣扩增于西山门头沟琉璃渠村，充厂商，承造元、明、清三代宫殿、陵寝、坛庙各色琉璃作，垂七百年于兹"。

北京故宫之所以灿烂辉煌，人们往往归功于建筑大师样式雷，却很少有人知道为之锦上添花的琉璃窑赵。

雍正八年（1730年），紫禁城斋戒宫建筑群竣工。斋戒宫群位于紫禁城内廷东路，是雍正年间大量使用琉璃局窑厂产品的为数不多的皇家工程之一。

乾隆二十一年（1756年），琉璃渠村烧造了"九龙壁"。这是一座仿木结构的大型琉璃砖雕照壁，建在北海（明、清皇家西苑）北岸

制作琉璃瓦

天王殿之西，现为北海公园的著名景观。

清同治八年（1869年），琉璃渠村窑厂开始烧造清宫武英殿所用琉璃瓦件，随之清廷开始了对武英殿建筑群唯一的一次大修工程。

清光绪十一年七月十四日（1885年8月23日），"谕命修建西苑三海(北、中、南海)工程。琉璃局窑厂赶制所需琉璃料物。三年后工竣"。

清光绪十四年（1888年）三月，重修清漪园，并将其改名为颐和园。琉璃局窑厂赶制所需琉璃料物。工程于二十一年（1895年）基本结束。

清光绪十五年（1889年）八月二十四日（9月18日），天坛祈年殿焚毁于雷火。琉璃局窑厂赶制所需琉璃料物。重建工程于第二年开始，历时六年，于光绪二十二年（1896）完成。

1900年8月，八国联军攻进北京城，炮轰正阳门，炸塌了城楼和箭楼。清光绪二十九年（1903年）五月二十一日（6月16日），清廷批准了直隶总督袁世凯的奏章，准备修缮损坏了的正阳门楼。工程于当年十一月二十六日开工，于光绪三十二年（1906年）五月完工。琉璃渠村为修复"京师九门之首"的正阳门（前门）城楼及其箭楼赶造烧制了全部的琉璃料件。

清宣统元年（1909年），紫禁城外朝西路建筑进行部分修缮，琉璃渠村窑厂为这项工程烧造了琉璃瓦件。最近在村里发现了瓦背上印有"己酉年建辰月敬造""宣统年官窑敬制"字样的琉璃瓦件，其中"己酉"即为宣统元年。

进入民国之后，琉璃渠窑厂的产品虽然不再为封建皇室所专享，但是依然主要用于国家重大工程，琉璃窑仍然起到了官窑的作用。

1916年，美国洛克菲勒基金会买下了东单三条的豫亲王府，拟在其府址修建医学院，即后来的协和医院，并于1920年来到琉璃渠村，

烧制琉璃件的窑室

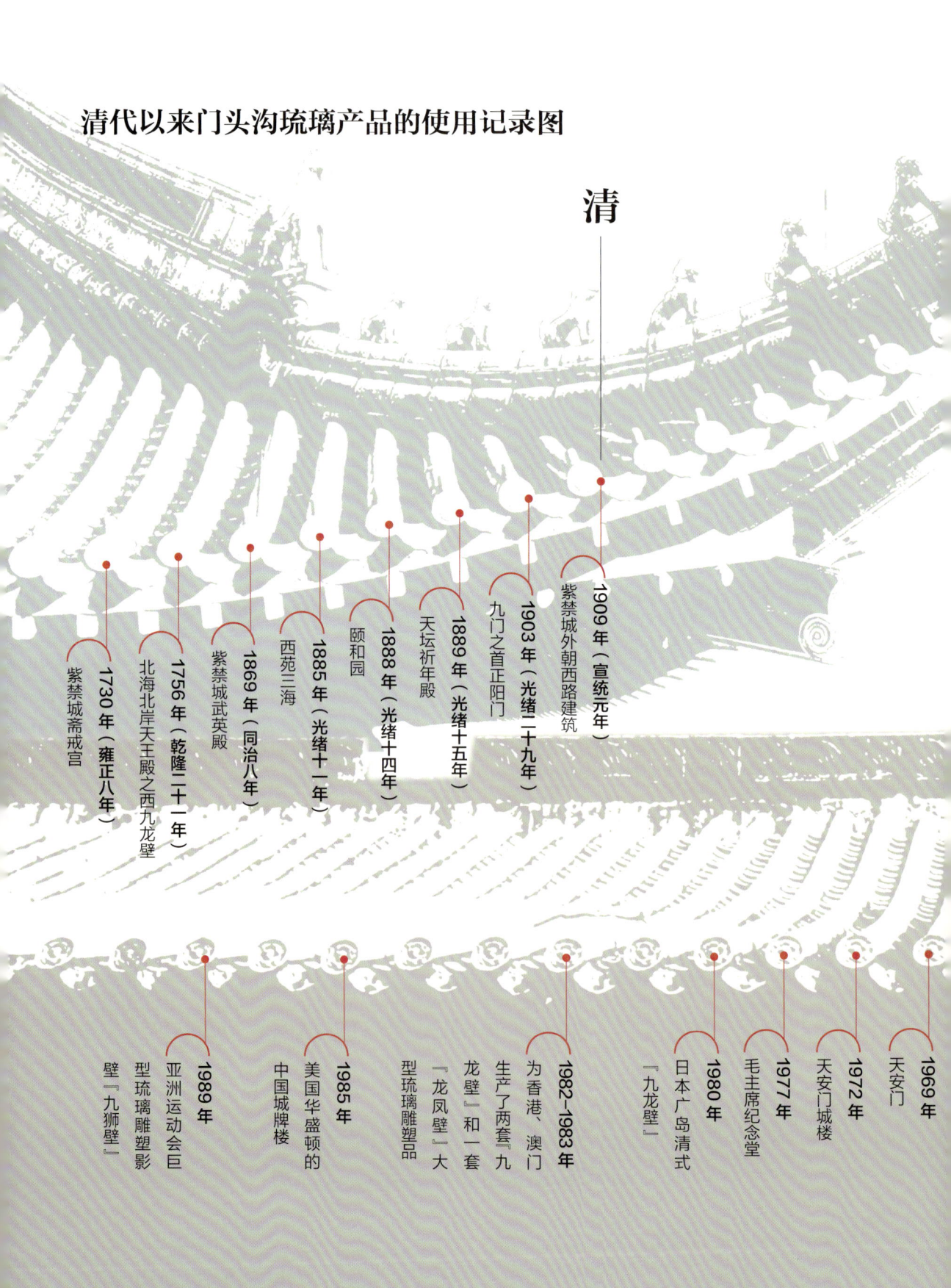

清代以来门头沟琉璃产品的使用记录图

清

- 1730年（雍正八年）紫禁城斋戒宫
- 1756年（乾隆二十一年）北海北岸天王殿之西九龙壁
- 1869年（同治八年）紫禁城武英殿
- 1885年（光绪十一年）西苑三海
- 1888年（光绪十四年）颐和园
- 1889年（光绪十五年）天坛祈年殿
- 1903年（光绪二十九年）九门之首正阳门
- 1909年（宣统元年）紫禁城外朝西路建筑
- 1969年 天安门
- 1972年 天安门城楼
- 1977年 毛主席纪念堂
- 1980年 日本广岛清式"九龙壁"
- 1982—1983年 为香港、澳门生产了两套"九龙壁"和一套"龙凤壁"大型琉璃雕塑品
- 1985年 美国华盛顿的中国城牌楼
- 1989年 亚洲运动会巨型琉璃雕塑影壁"九狮壁"

民国

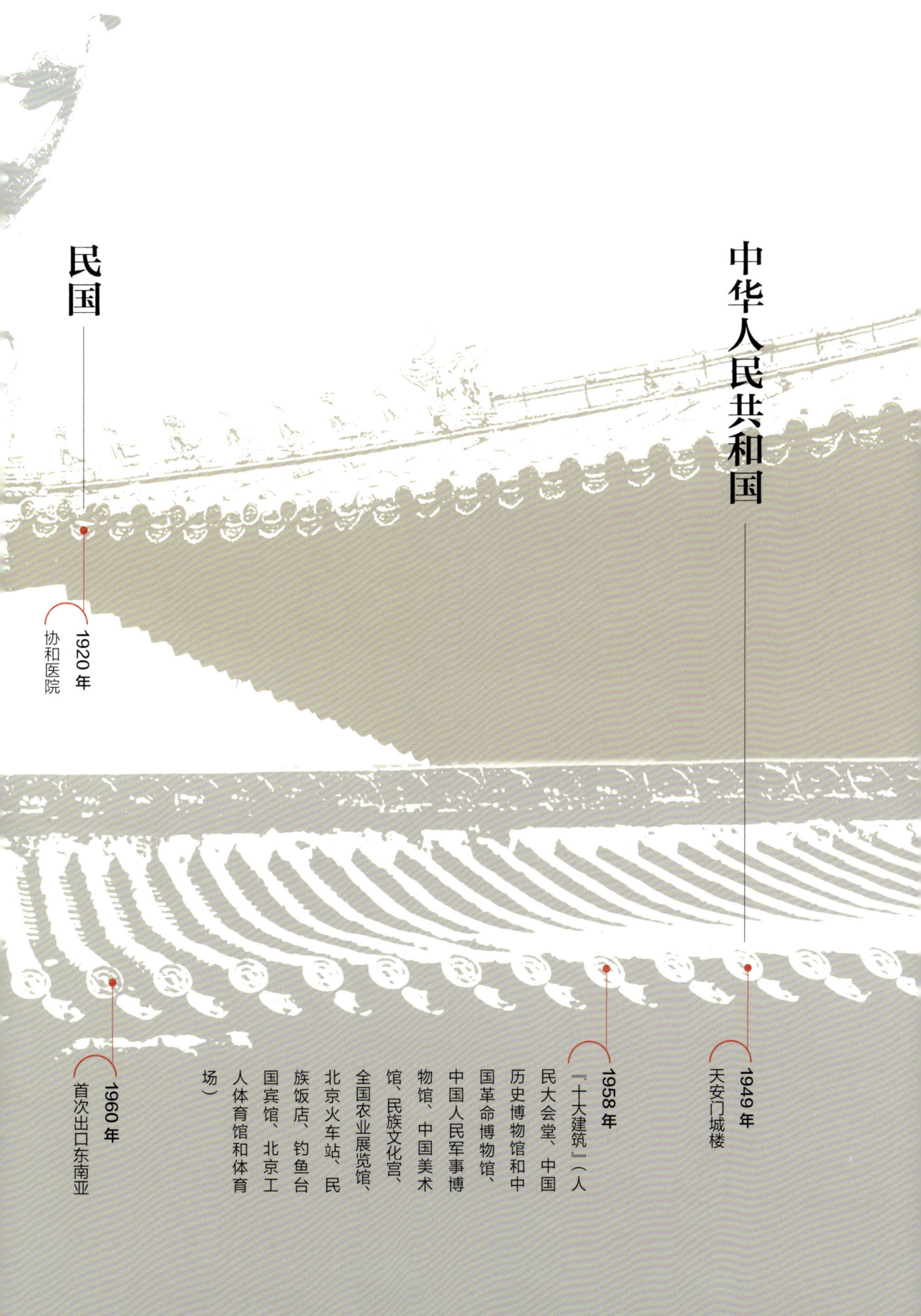

- 1920年 协和医院

中华人民共和国

- 1949年 天安门城楼
- 1958年 『十大建筑』（人民大会堂、中国历史博物馆和中国革命博物馆、中国人民军事博物馆、中国美术馆、民族文化宫、全国农业展览馆、北京火车站、民族饭店、钓鱼台国宾馆、北京工人体育馆和体育场）
- 1960年 首次出口东南亚

向当时名为"中华民国官琉璃窑"的琉璃渠窑厂定购建筑琉璃瓦件。

这一时期，外国建筑师在中国设计的建筑，尤其是教会建筑，如北平协和医院、燕京大学等，都是中西结合样式，而琉璃瓦最能代表中国传统建筑的特色。正如梁思成在《中国建筑设计参考图集》序言中所指出的，"琉璃瓦本具显然代表中国艺术的特征"。这些建筑纷纷采用了琉璃渠村窑厂所生产的琉璃瓦件，用以建造他们所设计的"四角翘起的中国式屋顶"。

民国年间，由于社会动荡，战乱不断，国家级的建筑工程极少，琉璃渠窑厂仅参与了南京中山陵、谭延闿墓、宋美龄官邸、南京藏经楼等为数不多的几项大型工程。

1949年8月9日起，为了准备中华人民共和国的开国大典，琉璃渠村窑厂遵照北平市委和建设局指示，开始昼夜工作，为天安门城楼的修缮工程赶制琉璃瓦件。天安门在1900年遭到八国联军破坏，至此才进行了首次维修。

1958年10月，为迎接中华人民共和国成立十周年，国家在北京兴建"十大建筑"（人民大会堂、中国历史博物馆和中国革命博物馆、中国人民军事博物馆、中国美术馆、民族文化宫、全国农业展览馆、北京火车站、民族饭店、钓鱼台国宾馆、北京工人体育馆和体育场），琉璃渠村窑厂受命为"十大建筑"烧制琉璃瓦件。至次年8月，琉璃窑厂的技术人员和工人们日夜奋战，在短短的10个月内保质保量地完成了建筑用琉璃构件的烧造任务，合计49万余件。

1960年，琉璃渠村琉璃窑厂产品首次出口东南亚，此后，外国的订单一直不断，出口海外的琉璃瓦为社会主义建设提供了宝贵的外汇收入。

1977年，琉璃渠村北京市琉璃瓦厂更名为"北京市琉璃制品厂"，为毛主席纪念堂烧制琉璃瓦件。当时国家的经济状况比较差，电力供应紧张，经常停电、限电，在当时的整个北京地区，唯有门头沟区的门城镇一带没有停电，这完全是沾了琉璃渠琉璃窑厂的光。

　　1980年，琉璃渠村北京市琉璃制品厂为日本广岛烧制了一套仿北海公园的清式"九龙壁"。它由7912件组成，总重75吨，安装完成后，获得了日方高度的评价和广泛的赞誉。当时，琉璃制品是我国出口换汇的工艺品之一。

　　1982—1983年，琉璃渠村北京市琉璃制品厂为香港、澳门地区生产了两套"九龙壁"和一套"龙凤壁"大型琉璃雕塑品。

　　1989年，琉璃渠村北京西山琉璃瓦厂与天津美术学院共同设计，为在北京举办的亚洲运动会烧制出了巨型琉璃雕塑影壁"九狮壁"。作品造型异常生动，气势恢宏，整体长27.3米，宽1.2米，高7米，重达420吨，由6573个大小配件组装而成，堪称全国独一无二的巨作。

　　煤炭是门头沟最有代表性的物产。门头沟盛产煤炭，采煤历史长达千年，关于这段历史，民国年间的《房山县志》上有"发轫于辽金之前，滥觞于元明之后"之说。1975年，北京市文物部门在门头沟区的龙泉务村辽代瓷窑遗址的发掘中，发现了许多煤渣。1991年，文物考古工作者对这处遗址再次进行了发掘，在土层中发现了大量煤渣和炉灰，由此证明，当时龙泉务辽瓷窑烧制瓷器是以煤炭为燃料的。

　　1992年，建筑工人在门头沟区永定中学（现首师大附中永定分校）的建筑工地开挖地基时，发现了一批文物。经北京市文物局鉴定，此为一处辽代墓葬。在墓葬的土层中发现了大量煤渣和煤灰，属于当地所产的无烟煤，证明在当时这个地区已经用煤作为生活燃料了。煤灰

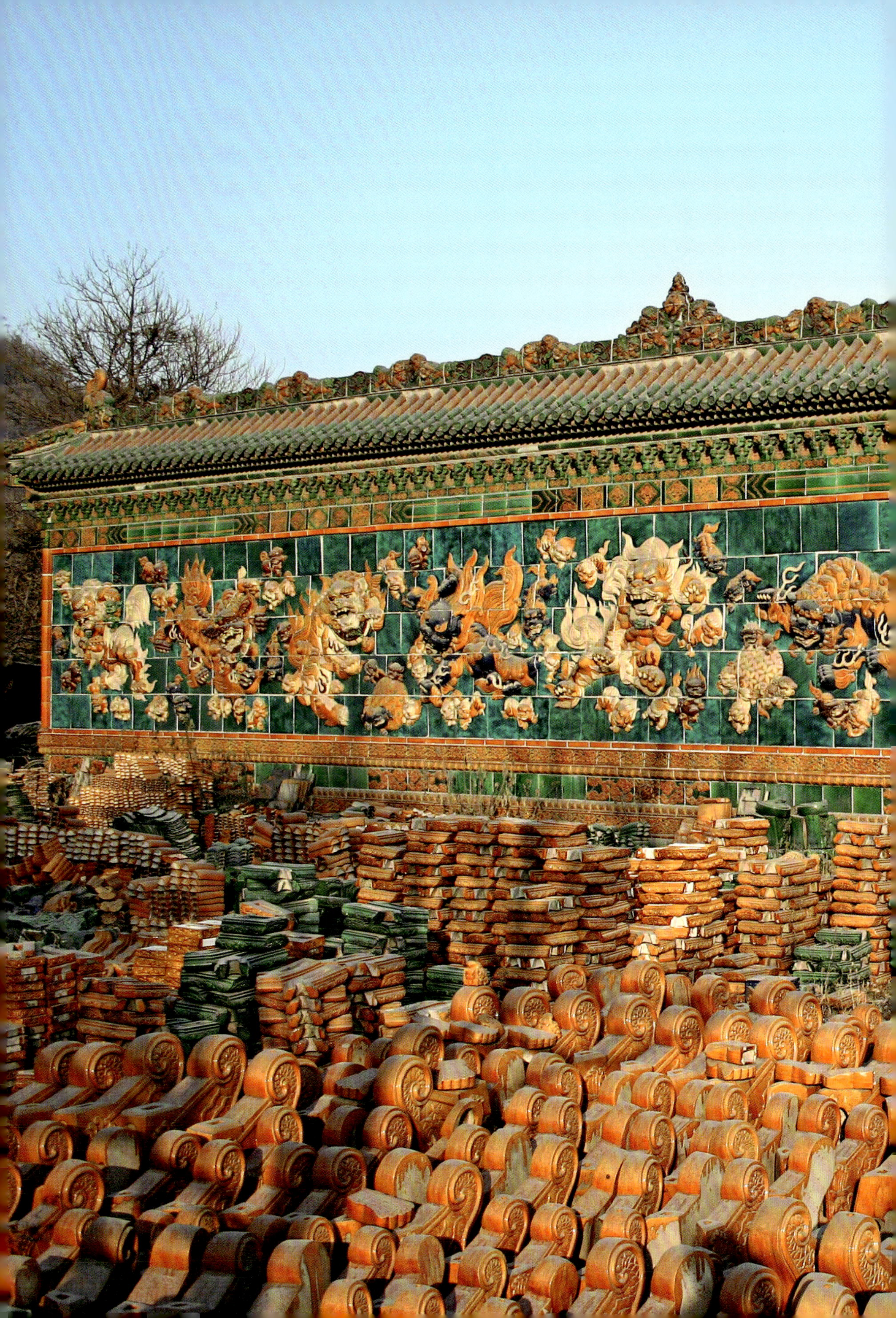

琉璃九狮壁

成立于1920年的中英合办门头沟煤矿公司

具有吸水干燥的作用,放在墓穴里显然是为了保护棺木。

　　元代建大都后,北京人口急剧增长。朝廷为了满足城市的需要,在西山大力发展采煤业。据《元史·百官志》记载,至元二十四年(1287年),元世祖忽必烈在西山设立煤窑场,管理大峪寺、马鞍山煤炭开采事宜。又据元代北京志书《析津志辑佚》记载,元代大都"城中内外经纪之人,每至九月间买牛装车,往西山窑头载取煤炭,往来于此。新安及城下货卖,咸以驴马负荆筐入室。盖趁其时,冬日,则冰坚水涸,车牛直抵窑前;及春则冰解,浑河水泛则难行矣。往年官设抽税,日发煤数百,往来如织。二三月后,以牛载草货卖。北山又有煤,不佳,都中人不取,故价廉。"当时京西门头沟的煤炭,质量优于城北山区的煤炭,虽价格略昂贵,也能吸引城内居民前来大量购买。

　　到了明清时期,京西已经成为北京主要的燃料供应基地。明代顾炎

旧时向北京运输煤炭的驼队

武在《天下郡国利病书》中说:"京城百万之家,皆以石炭为薪。"清康熙三十二年(1693年),康熙皇帝明确指出:"京师炊爨均赖西山之煤。"由此可见,京西煤炭在北京城市生活中具有不可或缺的重要地位。

门头沟是北京城的西部屏障

门头沟位于北京西山的主体部分,境内高山绵亘,沟壑纵横,更有永定河穿流其间。历史上是拱卫北京城的西部天然屏障,古有"神京右臂"之称,自古就是兵家必争之地。

汉代,北方匈奴骑兵曾一度深入到今日的斋堂地区一带,汉朝在此修建烽燧,重兵屯戍,王平镇东石古岩存有汉代烽火台遗址,并出土了汉代兵器,是这段历史的见证;北齐时,为抵御柔然等北方民族的进攻,门头沟一带山区曾建有长城。到了明代,天子守边,门头沟作为京师近傍的扼塞,同时也成为边防的重镇,这里建成了一套完整的军事防御体系,成为明代北方边疆防御体系的重要组成部分……

回溯历史,兵家用兵于幽燕之地,古北口、居庸关等关口往往是大兵团惨烈争夺的焦点,而门头沟京西山地则是另一处举足轻重的扼上排（从右至左）：
兴裕宫油盐店　德顺木厂　高家店　同生堂兽医桩　白家店　首饰楼（阁）　瑞发骡马店　张云龙嫁妆铺　义聚泰油盐店　醋酱房　镇兴和　席棚　和声永　义兴号杂货　久一堂药铺　义和泰粮店　辅义和粮栈　尹麻子药铺　仁得兴药铺　三清观麻铺　汇源店　天意兴油盐店　戴家店　万玉成油盐店　剃头棚　瑞祥号根栈　鞋钉鞋绳铺　信城和布铺　福昌越德布铺　德兴厚粮店　恒太常麻铺　马家饭铺　天增祥粮栈　王家大车店　道局子

下排（从右至左）：
吴六烧饼铺　羊汤黄　铁匠　高七麻花铺　染房　安家小铺　张豆腐房　烧饼铺　韩豆腐房　史先生药铺　福盛祥布铺　韩家店　兽医曹　王家照相馆　西永成羊肉馆　南义顺泰　三友元浴池　当铺　西同丰药铺　益寿堂药铺　李小铺杂货　天聚公杂货　大得通杂货　皮匠　李饭铺　王饭铺　万玉成杂货　小车杨杂货　万玉成杂货　三聚兴布铺　郭家钉掌铺

塞，极适合奇兵迂回偷袭。历史上常有兵家绕过居庸关等要塞，从门头沟山区迂回偷袭北京城而得手的记载。

五代时，有梁将李嗣源迂回门头沟山区小径，出奇兵重挫契丹，救幽州之围。北宋末，金人迂回门头沟山地小径，巧取辽南京；辽南京归宋之后更名为燕山府，金人故技重施，再出奇兵迂回门头沟山地，巧取燕山府（今北京）……到了抗战时期，八路军挺进门头沟山地，逼视北平，悬刃于日伪颈项之上，为抗战和解放战争的胜利作出了巨大贡献。

卖馒头包子铺　油坊　　　　　　小酒铺（卖白薯）　韩小铺　　　西医药铺（段）　　东兴斋点心铺　　福盛永杂货　郭家钉掌铺
毕家棺材铺　礼仪油盐店　侯棚铺　中兴木厂　长春堂药铺　镇兴玉杂货　煤球铺（刘）　井上李卖水　庞友烧饼铺　卖油条的　棺材铺（冯）　张小铺杂货　张油盐店　王守忠筐铺　宋羊汤锅　田茶馆烧饼　王家草铺　马车店　马筐铺

谢肉铺　世泰兴油盐　殷米摊　毛三羊肉铺　卖油的　官盐店　太和兴杂货　于家肉铺　齐小铺　三吉咖啡馆（日本人开）　税务局　大车张（修大车）　染房　杨义凯（卖大烟）　三山号油盐　大车店　马车粮栈　福盛永杂货　饭桶　高草铺
蓝碗铺　修秤店　曹白把烧饼店　骆驼店　剃头棚　绱鞋的　杨杂货铺　煤球场　殷小铺　陈小铺（养牲口）

旧时三家店商业街的商铺，三家店商业的兴起与京西煤炭的开采密切相关

定都峰的传说

　　定都峰又名望都峰，海拔642米，古称牛心山、牛心坨、瓜槽尖，位于门头沟区潭柘寺镇、永定镇和龙泉镇三镇交界点，是绝石梁—马鞍山大梁上一个突出的、几乎是三角形的山峰。明《宛署杂记》称其为"牛心山"，永定镇一代大多称其为"定都峰"，潭柘寺镇一侧多称其为"望都峰"。这座山峰与北京的长安街在一条纬线上，位于长安街延长线的西端。因此，还有一个关于北京建都选址的民间传说故事。

　　传说明初，朱元璋分封诸皇子到全国各地做藩王，马皇后因四皇子

定都峰上的定都阁

朱棣智勇有大略，颇为忌惮，生怕对亲生儿子太子朱标形成威胁，就怂恿朱元璋把朱棣分封到了远在千里之外的贫瘠之地——燕地驻守，是为燕王。燕王出发前，刘伯温密授其"文托姚广孝，武靠常氏（常遇春）后"的忠告。朱棣到任后，即到西山龙泉寺（今潭柘寺）拜访姚广孝。姚广孝观其有帝王之相，留其住寺，次日鸡鸣起时登（定都）峰。时值谷雨，碧空如洗，东方日出，紫气蒸腾，浑河（永定河）横亘，龙鳞闪现，万物生辉。燕王触景生情，高呼："日上之所，乃我大明千年基业发祥之地！"后绕峰三周，环顾八方。见东方大都如珠似玉，浑河龙形横卧；东南方沃野无垠，龙形入海，又感叹道："此峰之位，观景之妙，无二可代，真乃天赐也。"洪武三十一年（1398年），太祖朱元璋驾崩，因太子朱标早亡，皇太孙朱允炆继位，是为建文帝。建文帝恐藩王谋反，采纳齐泰、黄子澄等人建议，采取一系列措施，对各地手握重兵的藩王采取一系列削藩措施。燕王遂以"清君侧"为名，发动"靖难之役"，起"靖难军"南下，历时四年，最终夺取皇位，改元"永乐"，是为明成祖。新皇帝遥想当年观"日上"之所为"大明千年基业发祥之地"，顿生迁都北京之意，定"日上"之所为金銮殿址，然而"日上"是不可能建筑宫室殿宇的，宫殿的选址成为北京营建工程的一大难题。当时，北京工匠云集，物料如山，而金銮殿址尚未选定，故决定先建皇陵，以分流匠、料，民间遂有"先建皇陵，后建皇宫"之说。永乐八年（1410年），刘伯温托梦工师蔡信，称"观日上之所必为观峰日下之地，可营都定标"，姚广孝听后顿悟，遂将多年前燕王所登山峰所望的正东方一带确定为宫室的所在，工程始兴，故有"北京城始于日上，成于日下"之说，后有人将"日上"或"日下"作为北京的代名词。

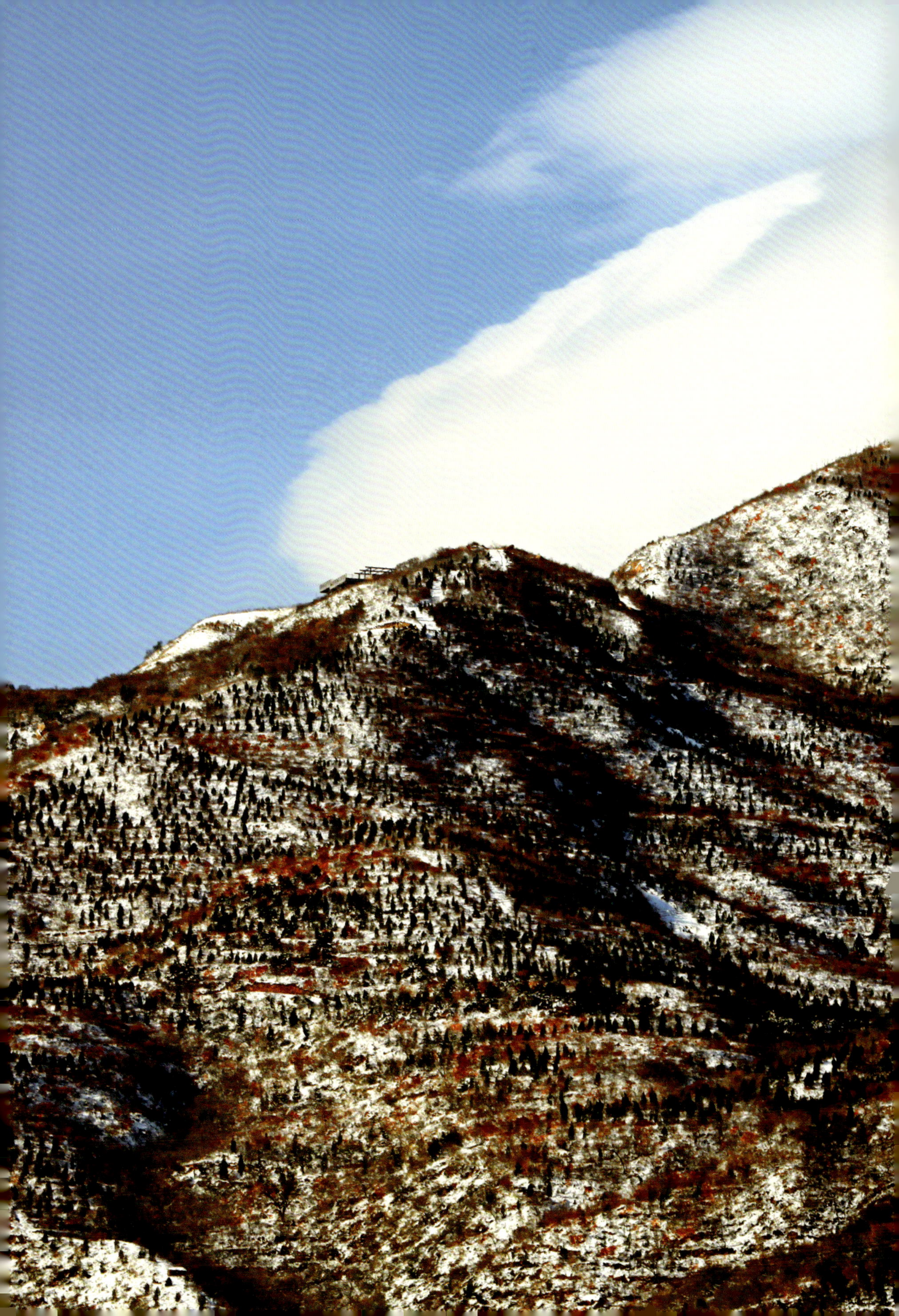

定都峰远景

人文

军事文化
宗教文化
古道文化
古村落文化
民俗文化

军事文化

门头沟区属于太行山余脉，高山连绵不断，沟谷绵长深邃，高山峻岭是北京城的天然屏障，狭长的永定河大峡谷是连通北京城与西北高原的天然扼塞，自古为用武之地。

从战略地位上来看，门头沟地处蒙古高原和华北平原的交界之处。在历史上，这里地处汉族聚居区的北隅，北方少数民族游牧生活区的南限，两种不同的社会文明交会于此，战争成为文明相互碰撞的一大产物，也就决定了门头沟山地在军事上的重要地位。

从战术上来看，门头沟区境内山地广袤，绵延的山岭、曲折的沟壑、茂密的森林、丰富的物产资源，都是支撑战争活动的重要条件。沿河口、房良口、龙门口等一处处天险隘口，可战可守又独当一面。孙子曰："夫地形者，兵之助也。"因而这里很早就修建有各类堡垒城堞、沟壑堑壕、烽台烟墩、长城敌楼。由于这里是山区，地形复杂，交通不便，在冷兵器时代，不便于展开大量的军队，也不利于骑兵机动；在近现代战争中，不利于机械化部队机动，更不利于重兵器的使用，因而京西山区虽然战事频仍，但多为小规模的山地运动战。

门头沟的长城

　　长城是中国古代最重要的军事防御设施。北京的长城主要分布在京城的北部和西部。长城从八达岭向西、向南延伸，经石峡关、陈家堡、长峪城、横岭、大营盘、样边、水头到挂子庵，开始进入门头沟地界。古人在修建长城的时候，采取了因地制宜的策略，在陡坡之处进行削坡处理，使险峻的岩壁成为天然的壁垒，在缓坡之处则修建城墙，因而门头沟境内的长城虽时断时续，看似并不连贯，实为一条完整坚固的军事防线。

　　门头沟区境内现存的长城主要是明代修建的内长城，涉及本区3个镇15个村庄。西北为雁翅镇房良村、大村、马套村一线；西南为清水镇洪水口村、小龙门村、燕家台村一线；中间以斋堂镇柏峪村黄草梁、天津关、沿河口、沿河城、东岭为一线。三条线隐约相连，建有敌台17座、墙体10段，墙体总长约4289米。相关附属建筑有斋堂城东城门、沿河城2个城阜和2个烽火台、6段挡马墙以及5个砖瓦窑。

　　沿河城是京西长城的守御中枢。清乾隆时期《重修真武庙》碑云："沿河以山为城，以河为池，乃京师咽喉之地。"因此清廷于此修建守御城池。

　　斋堂辅城为明万历二十五年（1597年）始建。此城为长宽各500米的方城，有东南西三个城门。其后数百年间，它一直在沿河城守备、都司的管理之下。后来，齐家庄巡检司、平罗营汛等均移至斋堂城，使之成为京西一处要害关卡，直至清朝末年仍有驻军。

　　门头沟境内的明长城遗存大抵是明隆庆至万历年间修建的，结构特

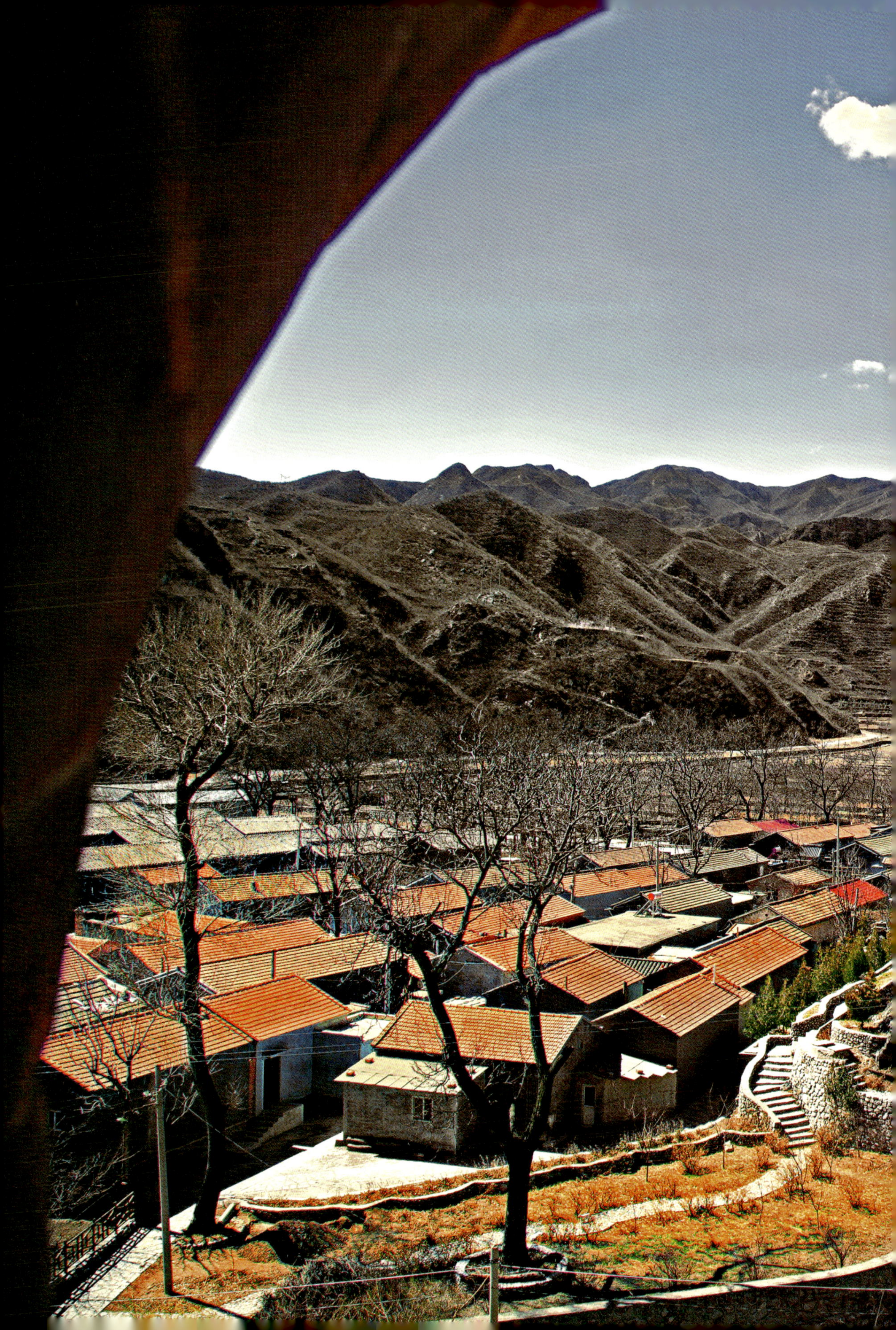

沿河口敌台

征深受蓟镇总兵官戚继光修筑长城模式的影响。墙体的结构特点是：城墙断面呈下大上小的梯形，为块石干垒，墙芯以碎石和土填心，垛口、女墙多无存。现存长城敌台的结构特点为环形筒拱四柱式（三眼或四眼）空心敌台，除"沿"字十号敌台为三眼敌台外，其余均为四眼敌台。敌台平面大多呈正方形，敌台基座四周底部刨槽夯实，用长方形条石抹白

灰泥找平，然后垒砌青砖，坚固异常。门头沟境内长城大多位于深山区要道隘口处，前后临谷，左右连山，目的是扼守北京西部山区通往京城的各处重要小路，防御从河北怀来、涿鹿方向迂回东进南下的来犯之敌。黄草梁七座楼墙体横亘在黄花坨山顶，视野开阔，西南面临河北怀来盆地，西北与北京最高峰灵山相对，形似张开的手臂，主要是防御从西北

沿河口的一座敌楼

方越黄花坨进入斋堂川的敌人。

此外，京西古道是京城连接怀来盆地、远上朔漠的重要通道，同时也是北方少数民族入侵中原的通道，历史上曾有多次战事发生。明朝在各条大道的咽喉之处修建守御关城，作为长城以内的第二道防线。数十座关城星罗棋布于门头沟群山之间，一座座形制各异的拱门城楼成为京西古道上独特的人文景观。

冀热察挺进军司令部

1937年七七事变爆发后，中共中央在陕北洛川召开了政治局扩大会议，毛泽东主席提出著名的《抗日救国十大纲领》，并亲自主持制订了开辟华北敌后战场的具体计划。9月，八路军东渡黄河，开赴华北前线，115师开辟了晋察冀抗日根据地，并准备挺进冀东。1938年6月8日，八路军第四纵队由平西的斋堂出发向冀东穿插。

挺进冀东的八路军第四纵队东渡潮白河，大踏步地进入冀热边界，拔城夺寨，连战连捷，先后克昌平、兴隆、平谷、蓟县、迁安县城，沉重打击了冀东敌伪政权，建立起稳固的抗日根据地。

1939年1月初，萧克和程世才率领组建冀热察挺进军的近百名干部，从晋西北随120师师部东越同蒲路，前往晋察冀军区。1月下旬，萧克一行到达平西的三坡（现称野三坡），立即与宋时轮、邓华、马辉之、姚依林等商量着手组建挺进军的工作。萧克到达平西后，于1月26日发电报给毛泽东、朱德等中央领导，汇报了宋时轮、邓华部队的情况以及平西斋堂一带部署的计划。经中央批准后，在清水召开了由宋、邓两个支队大队以上及平西各县领导参加的党的干部会议。萧克传达了党的六届六中全会精神和中央关于成立冀热察挺进军、冀热察区党委及冀热

正在集合的门头沟抗日战士

1938年，八路军挺进西斋堂

抗战时期，沿河城外的岗楼

门头沟军民抗战示意图

→ 1937年9月，八路军总部派遣12名老红军组成武工队进入斋堂川开展工作

→ 1937年10月，国民抗日军进入斋堂川开展工作

→ 1937年10月，中共北平市委派遣干部进入斋堂川开展工作

→ 1937年10月，中共北方局派遣干部进入斋堂川开展工作

→ 1938年春，八路军派遣支队进入斋堂川开展工作

→ 1939年1月，肖克带队进入平西斋堂川开展工作

❶ 1937年3月，中国共产党宛平县中心县委建立

❷ 1938年3月，建立宛平县抗日民主政府

❸ 1939年1月，清水会议，成立冀热察挺进军

🔥 我抗日据点

抗战时期门头沟抗日根据地政权的部分印章

正在进行生产劳动的门头沟抗日军民

察军政委员会的决定。

冀热察挺进军编制序列直属八路军总部，由晋察冀军区代管，主力是宋时轮支队和邓华支队，另外还有来平西整训的冀东抗日联军以及蓟县、遵化游击队等武装。冀热察挺进军司令部设在马栏村，随后挺进军各机关相继在司令部周边部署建立。

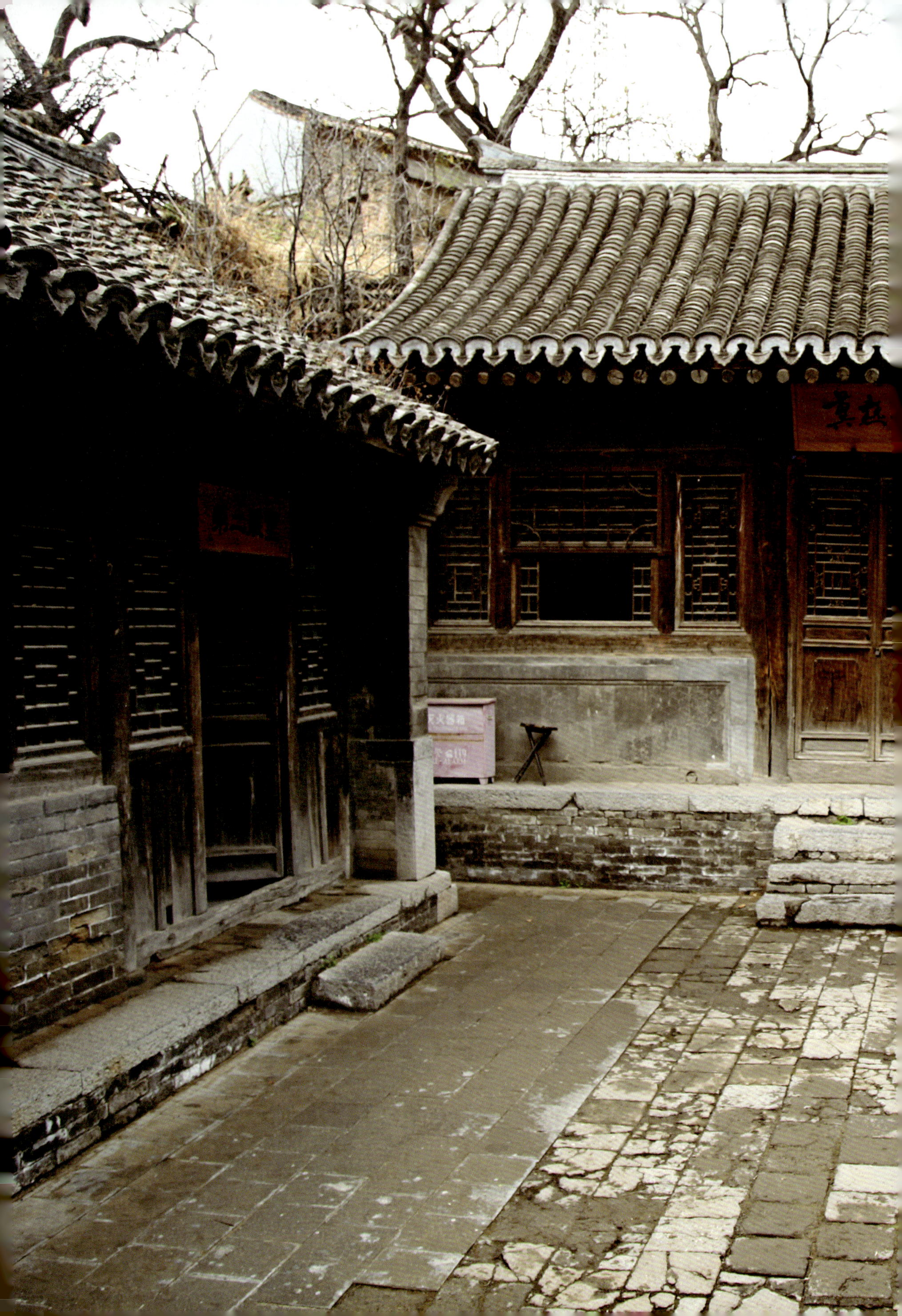

冀热察挺进军司令部旧址

宗教文化

宗教是人类文明的一个重要组成部分，它与社会意识、民族文化有着广泛而紧密的关系。作为宗教祭祀场所的寺庙、宫观、教堂，从建筑、美术、音乐、民俗等方面反映出深厚的文化内涵。

门头沟千百年来一直是京畿重地，是农耕、游牧、渔猎文明交流融合的前沿地带。多种宗教在这里留下踪迹，特别是佛教、道教以及民间传统信仰，乃至基督教、伊斯兰教都在这块土地上留下了印记。

潭柘寺

门头沟区是北京地区传入佛教最早的地方，历史上最主要的宗教就是佛教。潭柘寺是北京修建最早的佛寺之一。

潭柘寺位于门头沟区潭柘寺镇西北部，与108国道相连。它始建于西晋，距今已有1700多年的历史，是北京地区最古老的寺庙，在北京民间有"先有潭柘寺，后有北京城"的说法。潭柘寺原名嘉福寺，唐代改称龙泉寺，之后寺名多次更改。明代时先后恢复了龙泉寺、嘉

门头沟主要寺院祠庙分布图

潭柘寺中的一座佛塔

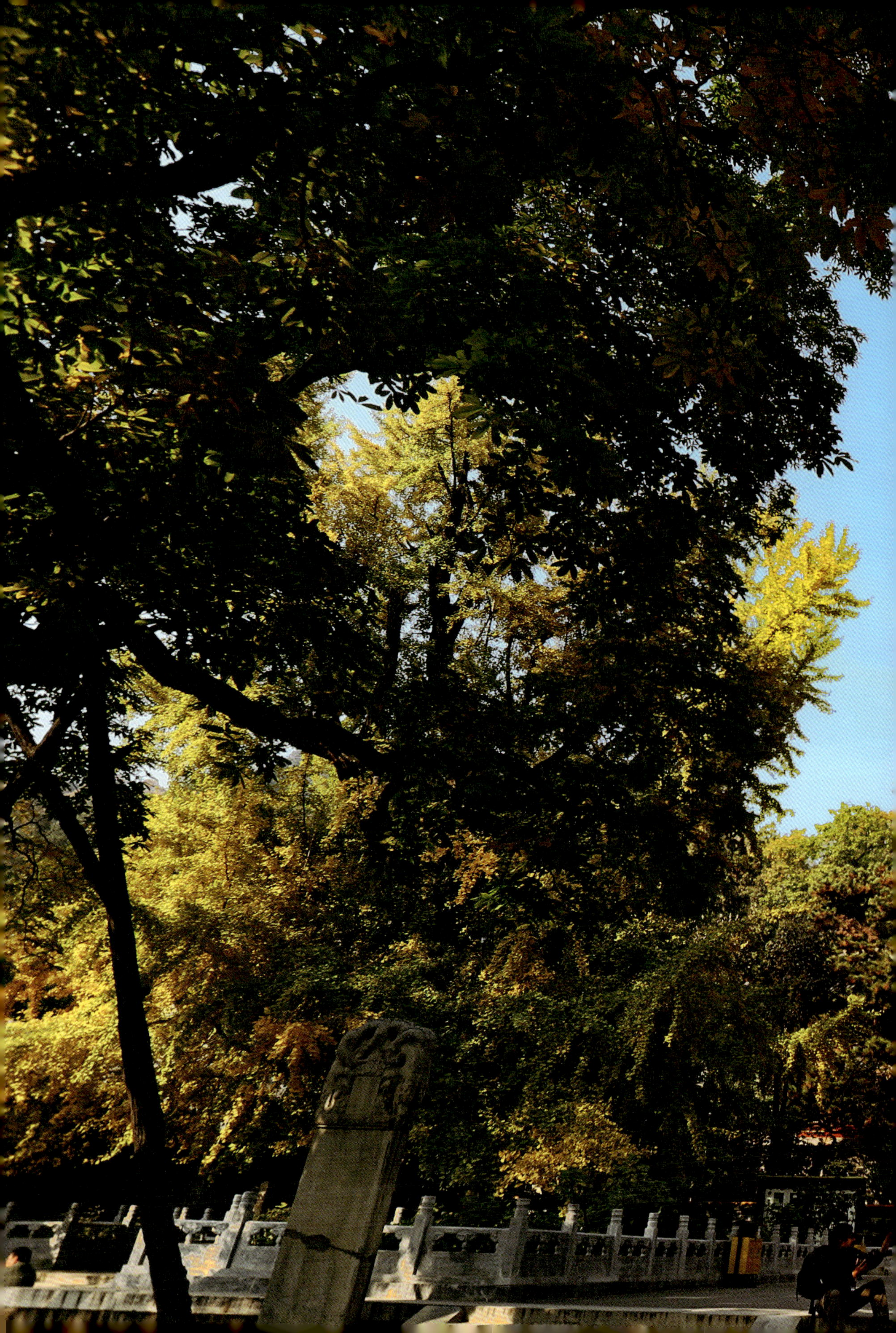

潭柘寺的帝王树与配王树

福寺的旧称，清代康熙皇帝赐名"岫云禅寺"。因为寺后有龙潭，山上有柘树，故民间一直称之为"潭柘寺"。

潭柘寺坐北朝南，周围有九座高大的山峰呈马蹄形环护。这九座山峰从东往西依次为：回龙峰、虎踞峰、捧日峰、紫翠峰、集云峰、璎珞峰、架月峰、象王峰和莲花峰。九座山峰宛如九条巨龙拱卫着中间的宝珠峰，规模宏大的潭柘寺在宝珠峰的南麓依山而建。高大的山峰能够阻挡冬季西北方袭来的寒流，使潭柘寺所在之处的气候相对温和，因而这里植被繁茂，古树名花数量众多，环境极为优美。

潭柘寺内的殿堂随山势高低而建，错落有致。其建筑风格保持着明清时期的风貌，是北京地区规模最大的一处寺庙古建筑群。整个建筑充分体现了中国古建筑的美学原则：以一条中轴线纵贯当中，左右两侧基本对称，使整个建筑群规制严整，主次分明，层次清晰。其建筑形式有殿、堂、阁、斋、轩、亭、楼、台、坛等，多种多样。寺外有上下塔院、东西观音洞、安乐延寿堂、龙潭等众多的建筑和景致，宛如众星捧月，散布其周，组成了一个方圆数里、景点众多、形式多样、情趣各异的名胜景区。

金代，北方佛教大兴，潭柘寺也逐渐兴盛起来。金熙宗完颜亶于皇统元年（1141年）到潭柘寺进香礼佛，并拨款修寺。这是第一位到潭柘寺进香礼佛的皇帝，开帝王进潭柘寺礼佛之先例。这对于提高潭柘寺的地位，繁盛其香火，都起到了重要的作用。在这个佛教兴盛的时代，潭柘寺先后出现了以广慧通理禅师开性为代表的数位佛教临济宗大师，大大提高了寺院的声望。

明代，潭柘寺在历史的转折中扮演了关键角色。寺内名僧道衍（姚广孝）辅佐燕王朱棣夺取了帝位，官封太子少师，功成名就后，道衍

潭柘寺中的二乔玉兰

辞官，返回潭柘寺隐居修行，已成为永乐皇帝的朱棣曾来潭柘寺看望他。宣德二年（1427年），朱棣的孙子宣德皇帝命著名的高僧达观任潭柘寺住持，并亲赐寺名"龙泉寺"。

清代是潭柘寺历史上最辉煌的时期。清康熙二十五年（1686年），康熙皇帝钦命广济寺住持律宗大师震寰和尚为潭柘寺住持，并于当年秋天到潭柘寺进香礼佛。康熙三十一年（1692年），康熙皇帝拨库银1万两，整修潭柘寺。在震寰和尚的主持下，历时两年，整修殿堂300余间。康熙皇帝后来又先后两次到潭柘寺进香礼佛，并赏银赐物，题写匾联。

戒台寺

戒台寺位于门头沟区马鞍山麓，地处平原与山区交界之处，西倚极乐峰，南依六国岭，北邻石龙山，东望北京城。寺院坐西朝东，海拔300多米，建筑面积8392平方米。整座寺院既有北方寺庙巍峨宏大的气势，又有江南园林清幽秀雅的格调，深蕴厚重的宗教文化内涵，兼具神奇秀美的自然景观，不仅是中国汉传佛教一座著名的寺院，同时也是京畿腹地一处声名远播的名胜。

戒台寺原名慧聚寺，始建于隋开皇年间，距今已有1400多年的历史。隋朝末年，佛学大师智周和尚因厌倦了尘世喧嚣，于是来到慧聚寺隐居静修，并整修和扩建寺院。几年后，应弟子之请，智周外出讲经说法，于唐武德五年（622年）圆寂。智周和尚对寺院以后的发展起到了开拓性的作用，后世尊其为戒台寺的开山祖师。

辽代是戒台寺历史上最辉煌的时期。辽道宗咸雍初年著名的佛教律宗大师法均和尚来到了慧聚寺，带领自己的弟子广募资财，用了一

雪后的戒台寺宝顶

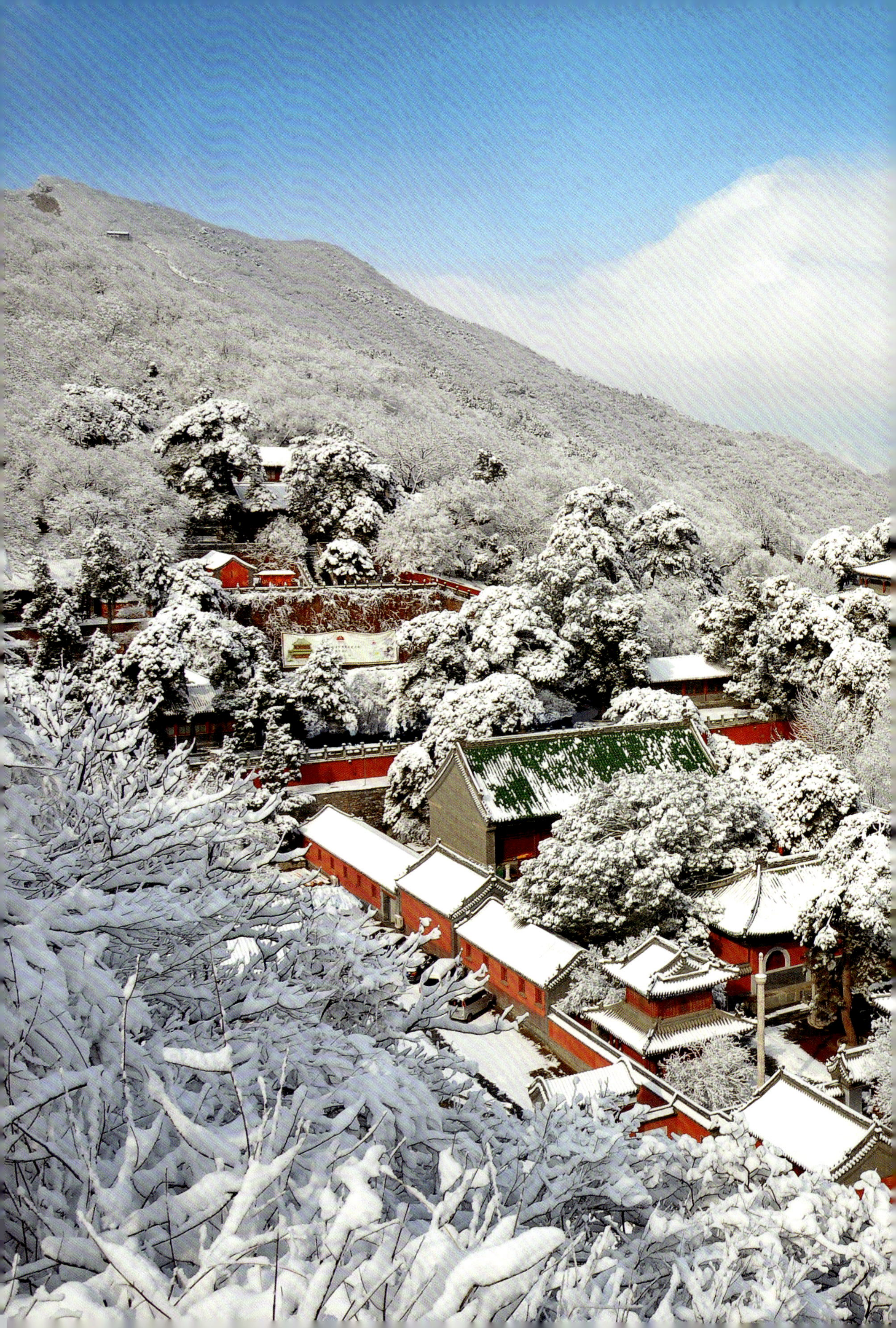

雪浴戒台

戒台寺松抱塔

年多的时间,对寺院进行了整修和扩建,并于咸雍六年(1070年)四月,建造了一座供说法传戒的大戒坛,与福建泉州开元寺、浙江杭州昭庆寺的戒坛合称为"全国三大戒坛",而戒台寺戒坛规模又居三座戒坛之首,故有"天下第一坛"之称。戒坛的建成基本上奠定了戒台寺今天的格局。

戒坛建成后,法均和尚开坛演戒,讲经说法,广度僧俗。由于法均大师在当时燕京的佛教界有着极高的声誉,因而慧聚寺开坛演戒、讲经说法之事迅速传遍了燕京以及全辽各地,成了轰动一时的佛门盛事,戒台寺也因此而声名远播。各地百姓纷纷前来听讲求戒,"来者如云,官莫可御",戒台寺在当时成为众心所向的佛门圣地。

当年岁末,以笃佛和仰慕汉文化闻名的辽道宗召见法均大师,请其在内廷讲经说法,更重要的是,道宗把自己亲手抄写的金字《大乘三聚戒本》授予了法均,并封其为"崇禄大夫、守司空"的高官显爵。这件御制戒本被佛教界公认为是律宗正统代表的信物,其持有者是律宗学派的当然领袖,因而《大乘三聚戒本》就成为戒台寺住持坛主历代相传的"镇寺之宝",同时也奠定了戒台寺成为当时我国北方佛教最高学府和律宗圣地的崇高地位,戒台寺也因此声望日隆,香火繁盛。

明代以后,戒台寺开坛受戒必须持有皇帝的敕谕,地位之尊崇无以复加,明英宗时为戒台寺赐名为"万寿禅寺"。清代是戒台寺历史上又一个重要的时期,康熙、乾隆等皇帝多次来戒台寺进香,赏银赐物,题写匾联。康熙皇帝亲笔撰写了《万寿戒坛碑记》,镌刻成碑,立于寺中;清乾隆皇帝有《初至戒台六韵》一诗,这座寺院于是就有了今日"戒台寺"之名。

光绪十年（1884年），恭亲王奕䜣在跟慈禧太后争夺权势失利后，来到戒台寺"养疾避难"。在此期间，奕䜣出资整修了北宫院（牡丹院）、千佛阁、五百罗汉堂，并为戒台寺赎回了一座庄园。奕䜣在戒台寺留住长达十年之久，虽是"养疾避难"，客观上也对保护寺院、吸引布施起到了很大的作用。

戒台寺以"戒坛、奇松、古洞"著称于世。戒台寺的古树名木甚多，仅国家级保护古树就有88棵，以古松最负盛名。这些古松或经人工修整，或自然天成，经过了千百年风霜雪雨，形成了各种奇特的造型，具有很高的欣赏价值，成为历代文人雅士赞咏的对象。戒台寺后山为石灰岩构造，在岩溶作用下，形成了许多溶洞，洞中的石钟乳、石笋构成了千奇百怪、美不胜收的奇观，为北方少有。其中一部分洞穴被开辟成了石窟寺，是高僧静修的地方。

灵岳寺

灵岳寺坐落于门头沟区斋堂镇北部的山前坡地，创建于唐贞观年间。"斋堂"这个名字就源于历史上香客们来灵岳寺进香后在山脚下聚居形成的聚落。故民间谣传"先有灵岳寺，后有斋堂城"。

灵岳寺保存格局完整，是门头沟西部深山区最大的寺庙。寺院坐北朝南，虽体量较小，但山门、天王殿、大雄宝殿、两厢配殿和钟鼓楼等殿阁楼宇一应俱全。全院方砖铺地，形成了一处完整的四合院。天王殿虽经多次重修，但仍保留着元代的建筑手法。大雄宝殿为单檐庑殿顶调大脊样式，檐下双昂五彩斗拱，拱眼壁为彩绘佛像。

灵岳寺是国家级文物保护单位，寺院不大，历史却非常悠久，建筑形制亦非常罕见

仰山栖隐寺

　　仰山栖隐寺位于妙峰山镇樱桃沟村北的仰山上，始建于唐末，初名"仰山院"。辽代时仰山院扩建，改称为栖隐寺，是当时编印《契丹藏》的重要场所。金代，金章宗不仅赐钱造像、修缮殿宇，而且多次前往进香礼佛。当时金章宗在中都以西建"八大水院"，作为自己游玩时的行宫。栖隐寺就是当时的"八大水院"之一，名为"灵水院"。当时栖隐寺的住持是万松行秀大师，他是曹洞宗的领袖，后来被尊为当时中国北方佛教的领袖，在佛教界拥有崇高的地位。

　　万松行秀的俗家弟子耶律楚材是元朝的开国功臣，官至中书令。万松行秀曾教导他，要"以儒治国，以佛治心"。元朝入主中原后，耶律楚材倡行汉法，保境安民，是元朝一系列国家典章制度的重要奠基人，为中原先进文化的存续和发展作出了贡献。

三家店龙王庙

　　三家店村位于永定河冲积扇的顶端。龙王庙在村西头，坐东朝西，面向永定河。龙王庙建于明代，清代重修。据庙内清顺治二年（1645年）碑文记载，在明崇祯十四年（1641年），山西人侯印迁居到此，购买了一片河滩地，通过引永定河水灌溉和辛勤耕耘，使这片荒河滩变成了肥沃的良田。为了感谢永定河的恩惠，他发起募捐，兴建了"龙兴庵"，供奉龙王和永定河神。此后，侯姓的后人多次对龙王庙进行

修缮。清乾隆七年（1742年），龙兴庵改称龙王庙。

龙王庙占地2400多平方米，三合院结构，格局小巧精致。山门镶有"古刹龙王庙"琉璃门额，门楼后面是抱厦。正殿三间，东西厢房各三间。大殿龛台上供奉着五尊龙神坐像，左边的四尊是东南西北四海龙王，右边的一尊是永定河神，这尊河神像为清乾隆二年（1737年）所塑，神像为明代帝王装束，是北京地区仅存的一尊永定河河神像，极具研究价值和文物价值。

永定河龙王庙内景

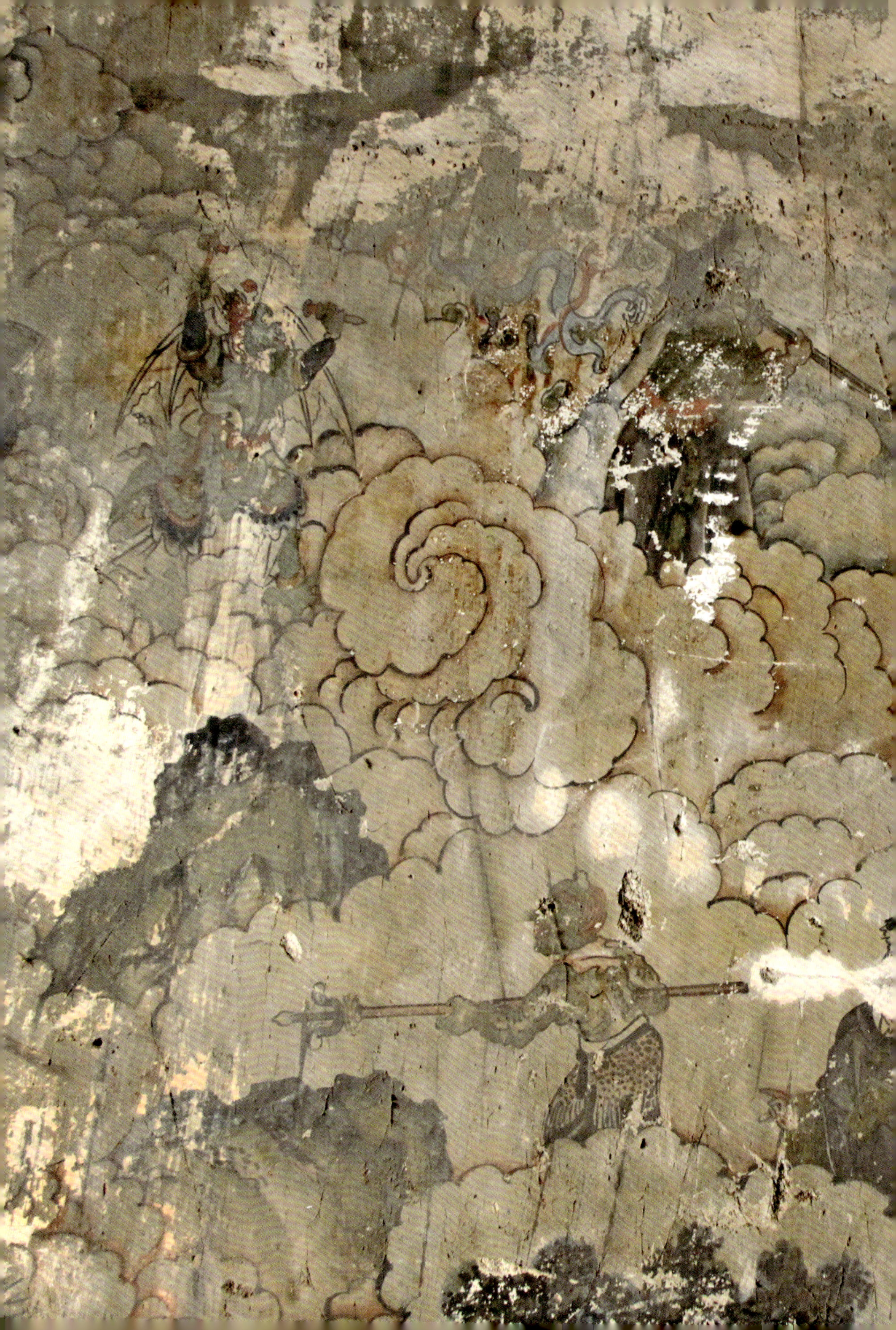

龙王庙壁画

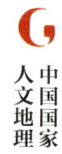

古道文化

峰口庵古道

门头沟区是西山的主体部分。西山所产煤炭、石灰、木材以及南北商品都要经由山道往来转运。

京西古道并非是一两条道路，而是一张道路网，覆盖门头沟全境。这些古道主要有商道、军道、香道等类型。亘远的古道在门头沟蜿蜒盘旋，日久年深，构成了无与伦比的与大自然相偕的人文奇观，成为京西古代文化的重要标志和历史见证，向世人展示了北京城市深厚历史内涵的一个独特的侧面。

商旅古道

门头沟的古道密如蛛网，其中最主要的是用于贸易的商旅古道，最著名者有玉河古道、西山大路与斋堂川古道。

玉河古道是指自今石景山区麻峪村起，跨过永定河进入大峪村，经圈门的门头口村、官厅至王平口的一条古代道路，全长约 27.5 千米。其中圈门至峰口庵长 6.5 千米。这条古道修建于唐末，是门头沟境内有史可考最早的一条人工修筑的道路。

唐末五代时割据幽州（今北京地区）的藩帅刘仁恭称霸一方，拥兵以自重。为了转输钱粮，刘仁恭在玉河县境内山中修筑了一条道路，名"玉河大道"，后世将这条古道称为"玉河古道"。玉河古道在后来的辽、金、元、明、清均有补筑修缮，是门头沟一条运输煤炭的重要道路，极富历史文化价值。

西山大路东端起点在京西著名的大商埠三家店。从三家店过永定河到琉璃渠，从琉璃渠村开始进山，翻过水峪嘴、牛角岭，走石佛岭，最后到达王平口。

从平原地区而来的各条古道在王平口会成一条，出王平口向西北

098

099

人文

至庄户村、千军台村、王老庙。从这里路分两支，一支向西南去房山区大安山，一支向西北去大寒岭。古道过了大寒岭，就进入了斋堂川。从大寒岭向西下山时经煤窝四村，向北出3.5千米沟到军响村，从这里向东可到永定河与清水河相汇的青白口，溯清水河向西至斋堂，向北经桑峪、灵水、书字岭可到沿河城。向南经通州峪可到大安山，可谓是四通八达。

从军响村向西，经东胡林、东斋堂、西斋堂、高铺、下清水、上清水、杜家庄、张家庄、齐家庄，到达门头沟的最西端小龙门村，这就是斋堂川古道的主路。从这条主路上，分出来了许多支叉，形成了斋堂川古道

的延伸线，通往斋堂川各村，在斋堂川地区形成了纵横交错的古道网络。

从西斋堂向西，进小北沟，经青龙涧、双石头、爨底下到柏峪，这条沟谷中还有黄岭西村和柏峪台村。从白村向西，到天津关（牛家村），走二道城子，翻越黄草梁，就到了河北省怀来县的麻黄峪。

军道

"军道"，顾名思义就是军队调兵遣将、转运军资的道路。门头沟是北京西部的天然屏障，地理位置十分重要。汉代时，这些地区的军用道路已经四通八达。唐代，幽州（北京地区）是大唐帝国的北方

黄草梁路段的京西古道

军事重镇，唐末卢龙节度使刘仁恭所筑的玉河古道在当时所起的作用并不体现在经济方面，更重要的是军事方面。北京城历史上的多次易主均与门头沟军道有密不可分的联系。

玉河古道上的蹄窝

五代后梁贞明三年（917年），契丹兵围幽州，梁将李嗣源自此道出奇兵与契丹军在今大峪河滩一带展开激战，后来成为后唐明宗皇帝的李嗣源击败了辽太祖耶律阿保机数十万契丹大军，解了幽州之围。这就是历史上著名的"李嗣源救幽州之战"。

北宋太平兴国四年、辽保宁十一年（979年），宋军北伐燕云，兵临辽南京（今北京）城下，辽将耶律休哥走西山大道，迂回驰援幽州城，在今西直门外的高梁河大败宋太宗赵光义统领的大军。

100多年之后，北宋与金联手灭辽，战争结束后，宋占据辽南京，更名为燕山府。然而好景不长，燕山府归宋不久，金国即准备南下攻宋。大将粘罕考虑到当时山后的奉圣（今河北省涿鹿县）、儒（今北京市延庆县）、妫（今河北省怀来县）等州都在宋军控制之下，且居庸关一线有宋军重兵防守，金军无法正面进攻，便决定从南到北迂回进攻居庸关后方，打开南下中原的大门。史载，粘罕"分兵由紫荆口金坡关入寇易州，即出奇峰，取凤山，治皇太妃岭道，以寇昌平县，则反顾居庸矣"。粘罕率金军绕开斋堂川及西山大路，从紫荆关（宋称为金坡关，在河北省易县西北）关东之奇峰口经涞水县野三坡入门头沟区境，再经凤山、皇太妃岭道进入现在门头沟沿河城地区的刘家峪、龙门口、三岔口（后来的沿河口，今沿河城），渡永定河，过向阳口、大村，进入昌平的南口，直逼居庸关。进军时，由于旧时修建的皇太妃岭道许多路段已经荒废，粘罕便命令士卒沿途边修道边秘密前行。大军行至居庸关后，守关宋军猝不及防，一触即溃，金军轻取居庸天险。此一役出其不意，如同神兵天降。之后，女真铁骑一发不可收拾，宋人连失燕云、河洛，一退再退，遂有靖康南渡、绍兴岁币之耻，一支从门头沟山道迂回而出的金兵，竟改写了历史的进程，令人感慨。

进香古道

京西门头沟寺刹云集，善男信女常到庙里去祈福纳祥、进香还愿。特别是每年的庙会期间，更是香客如云。由于地处山区，交通不便，虔诚的香客们也在此修建了多条通往寺院的山道，以便通行，这些道路就称为"香道"。

香道有的是利用原有的道路改建而成的，有的则是新开辟出来的，因相信其路通神佛寓居之所，故香客解囊修缮不辍。

平日里，香道大部分路段都用于商旅之往来转输。门头沟庙宇众多，

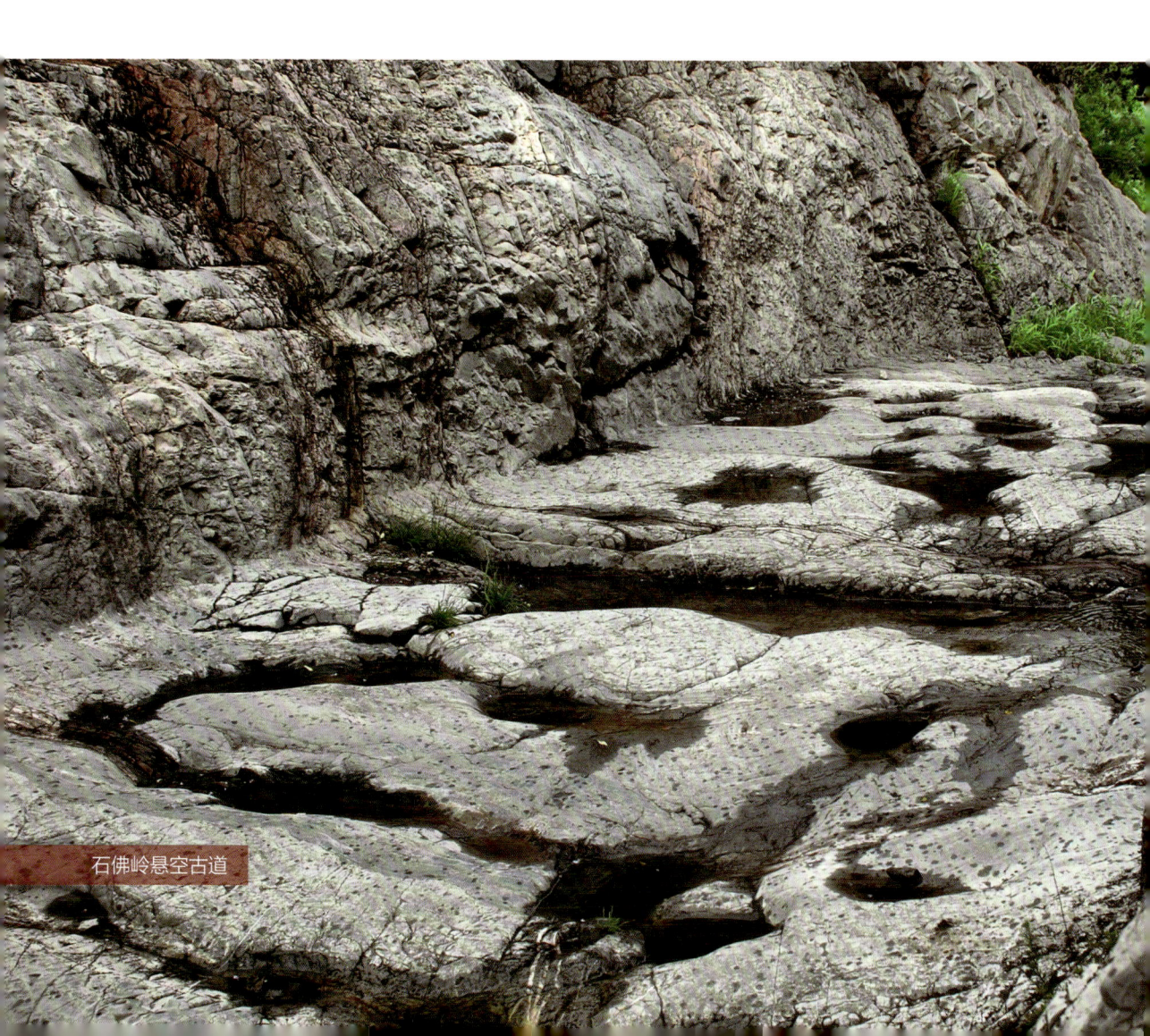

石佛岭悬空古道

因而香道也就多，从东部的九龙山到西部的百花山，从南边的马鞍山到北边的妙峰山，条条香道纵横交错，密如蛛网。时至今日，许多路段保存完好，为躲避喧嚣、健步览胜的人们提供了理想的去处。

妙峰山金顶娘娘庙供奉碧霞元君，吸引着众多香客来此朝顶进香。旧时每年春秋两季庙会（以春季为主），北京的香客从德胜门、西直门、阜成门、广安门、西便门出发，赶往妙峰山，到了山脚下，就要走香道上山了。古时有钱的香客可以坐山轿（俗称爬山虎），普通人靠两只脚底板，虔诚的香客则是磕着头，从山下开始，一步一叩首地登上金顶娘

妙峰山古香道上的万缘同善茶棚

描绘妙峰山进香的古画

民国时妙峰山香道上的香客队伍

在庞潭古道上，至今仍可见香客用竹篓背负香烛徒步进香礼拜娘庙。旧时，人们为了上妙峰山进香，从不同的地方开出了一条又一条通往娘娘庙的道路。在这些道路中，除了从北安河上山的中北道原是涧沟村一带人们出行去海淀的主要通道外，其余的道路平时仅有当地放羊、打柴之人才走。只有到了庙会期间，才有络绎不绝的路人经行此处。

九龙山位于门头沟区东部，山中煤炭资源丰富，在明清时期，山南山北煤窑数以百计，所出之煤炭是京城百万军民仰赖的主要燃料。九龙山庙会是旧时京都郊垌地方规模最大的行业庙会。庙中所祀之神为九天玄女娘娘，是煤炭行业的保护神，庙中香客大多是煤窑所在地的村民、开煤厂的商人、挖煤的矿工等。庙会期间，除了香会中的武会（花会）表演外，各村镇以及北京城里的商人、小贩也从四面八方云集到九龙山顶，各种商品应有尽有。每年从农历四月二十九晚上到五月初一上午，在进香的各条山路上，香客一拨接一拨，络绎不绝，比过年还热闹。九龙山顶的大空场上，人山人海，摩肩接踵。

潭戒二寺进香道是指的是前往潭柘寺、戒台寺进香的古道。潭、戒两大寺院一东一西，相距仅11千米，而潭、戒二寺绝大部分的香客是北京一带的善男信女。香客们到两寺进香所走的基本是同一条路，他们大多先到达戒台寺，再前往潭柘寺。自京城至戒台寺的进香道主要有两条，一条是南道，一条是东北道。所谓南道是指"卢潭古道"中的一段，即从卢沟桥至戒台寺段，或可称为卢潭古道东段。这条古道从石佛村中穿过，就到了戒台寺。东北道名为"庞潭古道"，即从石景山区庞村到潭柘寺古香道的东段，即庞村到戒台寺段。

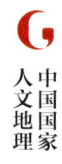

古村落文化

独特的自然和人文条件使门头沟形成了独具魅力的"古村落文化",古村落的建筑遗产、文物古迹和传统文化比较集中,能较完整地反映明清时期的传统风貌、地方特色和民族风情,具有较高的历史、文化、艺术和科学价值。门头沟现在共有112个古村落和10个中国传统村落,其中有3个村庄不仅入选中国传统村落,还被评选为中国历史文化名村。除了前文讲到的以琉璃制造业闻名的琉璃渠村外,还有爨底下村和灵水村。

在所有的京西古村落中,最为著名的非爨底下村莫属了。它位列中国第一批12个"中国历史文化名村"之一。能够得此殊荣,绝非偶然。在经历了数百年的时光打磨后,爨底下村依旧保持了明清民居的原始风貌、传统文化的深刻印迹和山村环境的独特芳香。

从整体格局上看,爨底下村建在峡谷北侧的缓坡上,依山而建,层层升高,民宅排列高低错落有致。民宅以村北龙头山为中心,形成南北轴线,呈扇面状向下延展,布局严谨和谐,灵活多变,井然有序,形散

爨底下村一隅，在影壁前植树是受传统堪舆理论影响的做法

而神聚，使整座村庄建筑构成和谐的整体。村民因地制宜，巧妙合理地利用有限的宅基地，将平原地区的大四合院，演变成为独具特色的山地四合院，村中民居整体为坐北朝南，现存院落74个，房689间。现存民宅以清代四合院为主体，兼有少量三合院，但因地形制约，四合院往往并不规则。从高处俯瞰这一片规模宏大的古建筑，看似古堡又似山城，仿佛来到了西藏的布达拉宫。70余座灵巧多变的山地四合院沿山势高低分台而筑，层层叠叠，朴实厚拙；峦石原木建造的房屋、山石铺砌的陡峭台阶和街巷与青山相融。村中门楼等级严格，门墩雕刻精美，砖雕

爨底下村古韵

门头沟主要古村落分布示意图

影壁独具匠心，壁画楹联比比皆是。

爨底下村是明代驻守爨里口的军士后裔繁衍而成的村庄，是典型的军户村。该村村民全都姓韩，是一座典型的家族聚居的村落。据韩门家谱记有"福、景、自、守、玉、有、明(奉)、万、宏、思、义、臣、晓、怀、孟、永、茂、广、连、文"二十代辈分，现已传到"茂"字辈。如按30年一代人推算，该村已有近500年的建村历史，与明代移民的传说不谋而合。

历史上，爨底下古村经济以农业为主，同时，也利用自己在京西古道上的地理优势发展商业。古村地处北京通往塞北草原的古道之上,关外的大量物产如宣化一带的粮食、塞北的毛皮等常经此地运往京城。至清朝康乾时期,爨底下村已有八家买卖商铺、三四家骡马店等,形成了农、商结合的经济结构。

灵水村是一个以科甲而著称的古村。在1300年的中国科举历史上,举人、进士等高级仕宦阶层在这样一个小山村以极高的密度出现,使灵水村形成了崇文重教的优秀文化传统,也造成这里儒生多、商贾多、官宦多、名仕多的"四多"奇观。民国初年,这里还走出了6名燕京大学

爨底下村古井

毕业生。正因如此，灵水村被誉为"京西灵水举人村"，入选了第二批中国历史文化名村。灵水村的建村时间虽无确切的文字记载，但根据考据可断定，早在辽统和十年(992年)，灵水村就已经存在了，其历史极为悠久。灵水村还具有丰富的民间文化传统和健康的民俗风习，其民风淳朴敦诚，热情好客；村民喜好诗文，流传久远的"九曲黄河灯"是灵水人的拿手游艺项目；三百多年的"秋粥节"保留至今——此节是该村为纪念本村刘姓举人赈灾赊粮的义举而创立的，也由此而演变为现今的"举人文化节"。

灵水村一隅

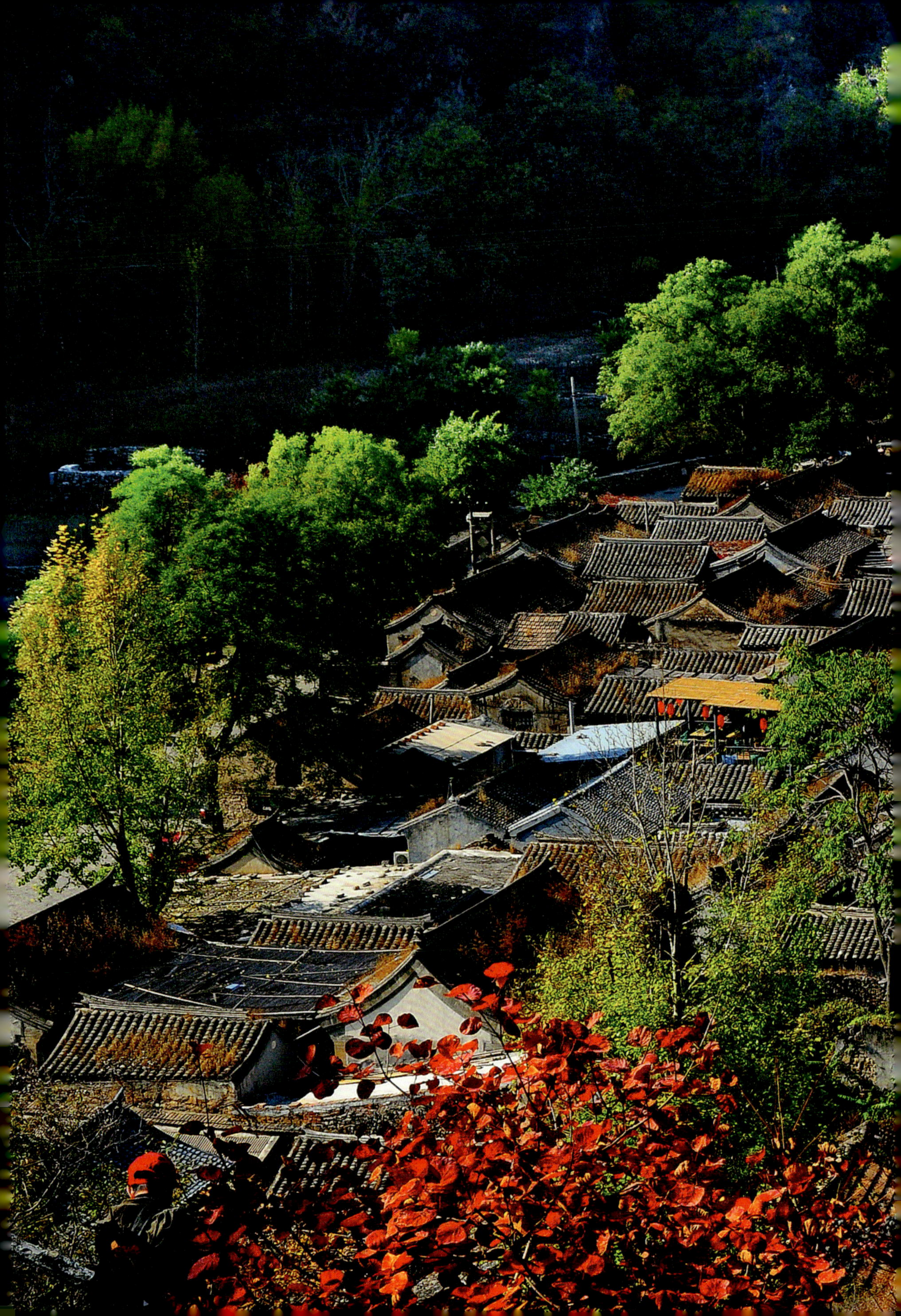

明清古村落——爨底下

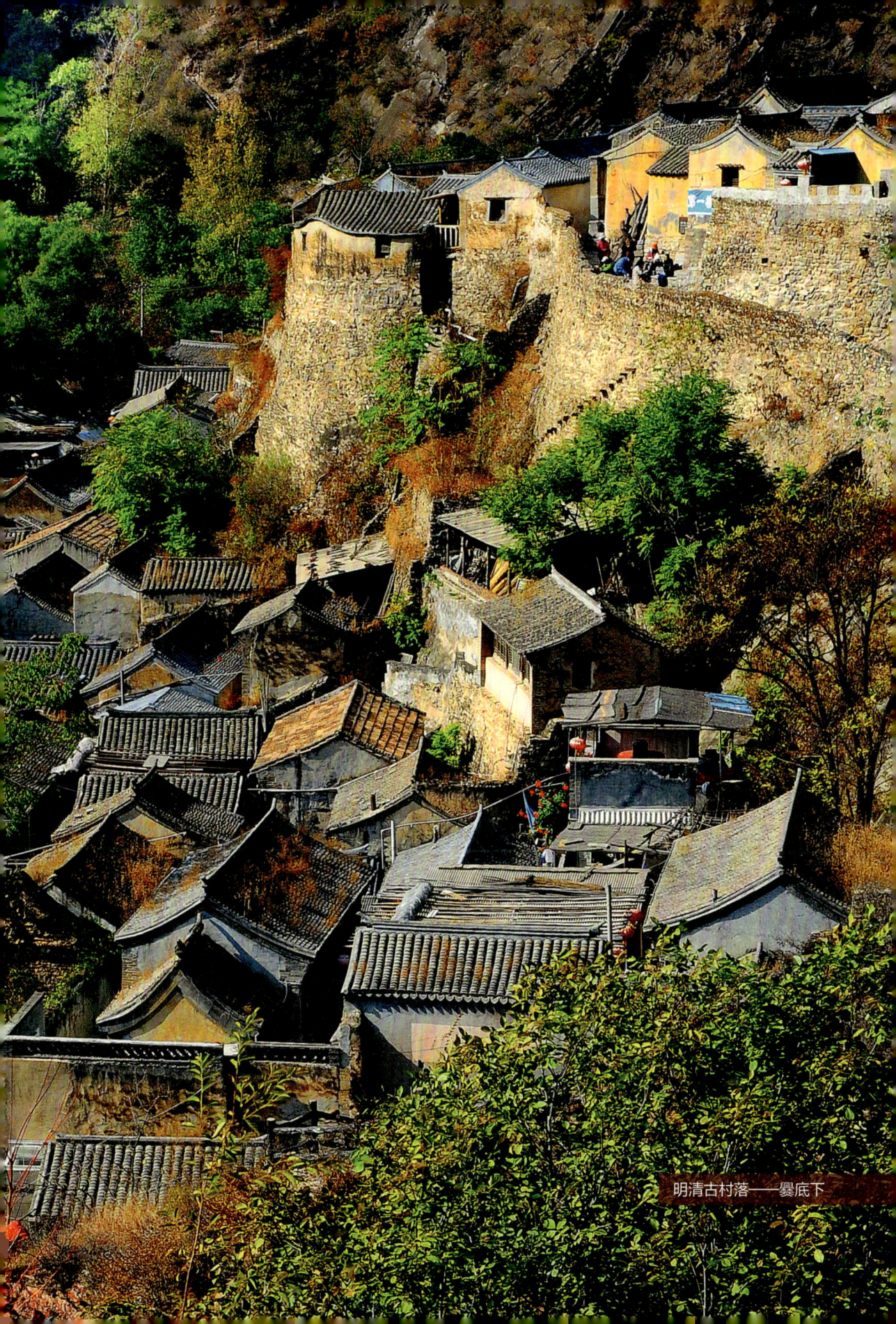

民俗文化

祖祖辈辈生活在门头沟山间的人们，从事着各种不同的行业，习俗风尚多姿多彩：煤矿和琉璃窑吸引了远近各地的工人；守备长城边墙的军户多来自南方；穿梭于关城内外的行商则带来了山陕塞北的风物……门头沟地区逐渐成为五方杂处之地和百业汇聚之所。四海谣俗与百业习风形成了门头沟丰富多样的民俗文化。

在民间文化中，除了前面讲过的妙峰山庙会、琉璃工艺之外，京西太平鼓、古幡会以及潭柘紫石砚雕刻技艺、龙泉务大鼓会、琉璃渠五虎少林会，都是门头沟颇值得称道的民俗文化珍品。

京西太平鼓

太平鼓是一项深受老百姓喜爱的民间表演艺术。它是一种以单面鼓为道具，以《太平年》为演唱曲调，以祈求太平为理念，以欢乐为目的的民间舞蹈艺术，广泛流行于北京、河北、东北等地区。

太平鼓最早源于古代巫术的祭祀仪式。在汉族居住地区，以单面

2012年，门头沟太平鼓表演
获华北五省市太平鼓大赛金奖

北京市门头沟区民俗文化遗产分布示意图

柏峪燕歌戏

斋堂镇

西斋堂山梆子戏

千军台、庄户幡会

清水镇

京西幡乐

N

雁翅镇

淤白村蹦蹦戏

苇子水秧歌戏

妙峰山镇

妙峰山庙会

京西太平鼓

军庄镇

永定镇

琉璃烧制技艺

龙泉镇

童子大鼓会

城子街道

王平地区办事处

东平房街道

大峪街道

大台街道

潭柘寺镇

潭柘紫石砚雕刻技艺

潭柘寺传说

潭柘寺

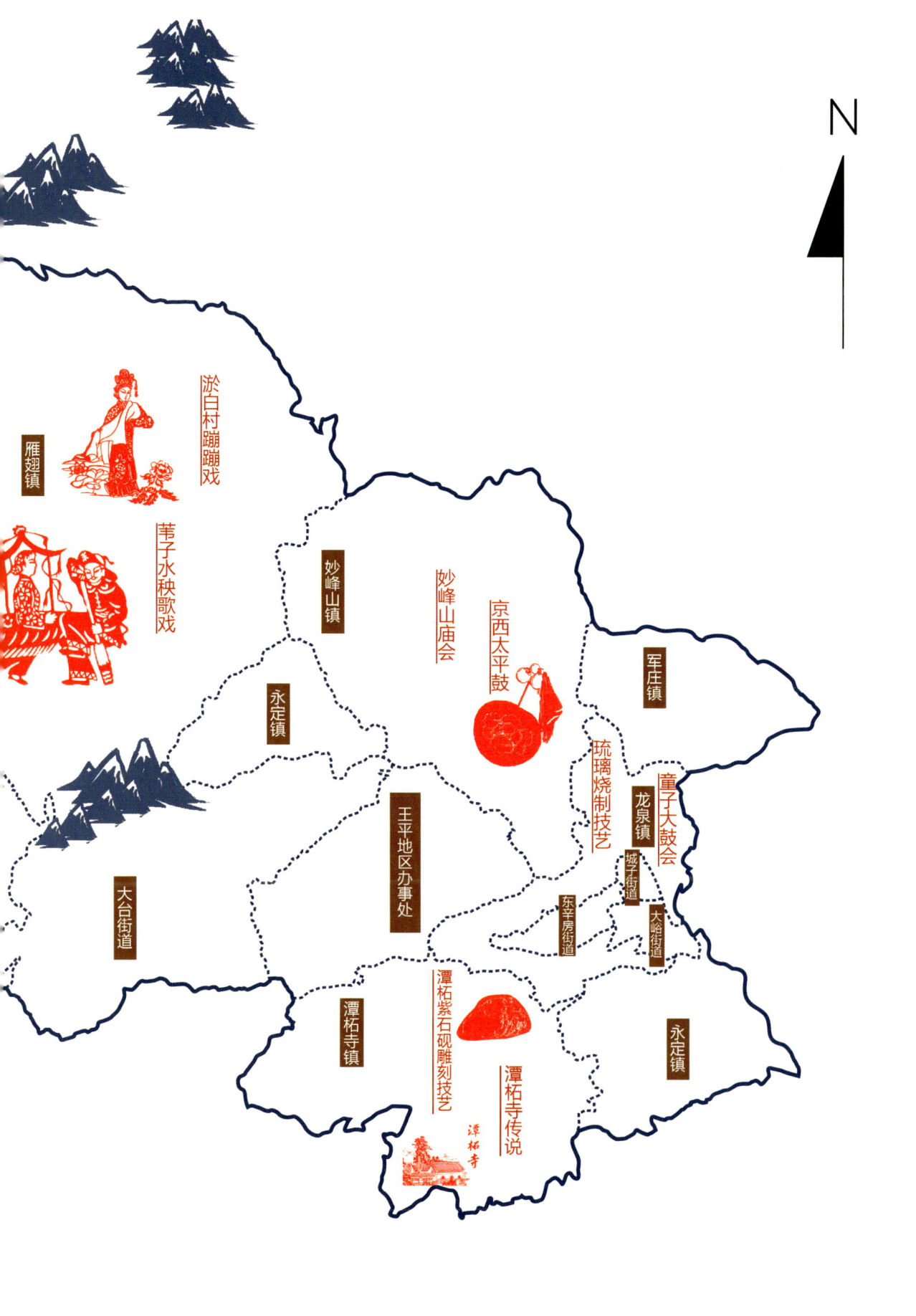

永定镇

鼓为道具的舞蹈形式最早就应用于驱鬼或祭祀的仪式之中。考古工作者曾在唐代墓穴出土的文物中发现了一种鼓，其样式就很类似于今天的太平鼓。这说明在唐代时已经出现了太平鼓这种艺术形式的雏形。

这种以单面鼓为道具的舞蹈在宋代被称为"打断"。打断是当时巫师驱鬼的一种方式。到了明代，这种鼓已经基本上脱离了巫术的驱鬼跳神仪式，而发展成为一种民间舞蹈，并在北京地区广泛流传。明代的刘侗、于奕正在《帝京景物略》中记载："童子挝鼓，傍夕向晓，曰太平鼓。"这种日夜玩鼓的情形反映了明代太平鼓艺术的成熟与普及。

清代时，太平鼓吸收了满族萨满教"跳神"的一些舞蹈因素，得到进一步的发展，逐渐成为今天我们所见到的太平鼓艺术。

清朝康熙年间，太平鼓开始普遍流行于门头沟的煤矿工人和脚夫阶层之中。门头沟区玩鼓的人越来越多，流传地区也越来越广泛，从东部的永定河边到西部的长城沿线，从平原到山区，几乎每个村庄都有打太平鼓的习俗，流传至今，鼓声不息。

清末，太平鼓已成为妇女专有的娱乐形式，男子极少打鼓。由于封建礼教的束缚，女人讲究"大门不出二门不迈"，因而她们只在自家的庭院里结伴玩耍太平鼓。在日伪时期，太平鼓更是销声匿迹。

1949年新中国成立，获得了翻身解放的门头沟人民欢欣鼓舞。太平鼓艺人们走出了庭院，来到大街上，加入到游行的队伍之中，使得游行队伍也更加壮观。据老人们讲，当时的门头沟圈门以东的大街上，游行队伍排满了整条大街。在太平鼓表演的队伍中，多见五六十岁的大妈。在改天换地的时刻，数十年的阴霾一扫而光，妇女们身着新装，兴高采烈，翩翩起舞，尽情欢乐。这是自清末以来太平鼓走出庭院的第一次尝试，也是太平鼓发展过程中重要的一步，是一个具有历史意义的节点。

打太平鼓的琉璃渠老太太

表演琉璃渠太平鼓的年轻演员

经过专业文艺工作者以及广大民间艺人的艰苦工作和不懈努力，门头沟太平鼓这一民间艺术被发掘、整理，使其得以新生，并且发扬光大。20世纪80年代以来，门头沟太平鼓先后参加了国庆35周年庆典、北京亚运会开幕式、北京奥运会开幕式等众多大型演出，并于2006年入选首批《国家级非物质文化遗产名录》。

千军台、庄户古幡会

千军台和庄户两村相邻，两村的古幡会原名为"天人吉祥圣会"，约成立于明嘉靖年间，是为了到妙峰山进香而成立的"武香会"。天人吉祥会由多个会档组成，计有幡会、小车会、地秧歌会、狮子会、大鼓会、音乐班、吹乐、打乐、跑驴、旱船等。

每年正月十五元宵佳节，幡会在千军台村举办，次日在庄户村举办。一般活动进行时间为下午4时。旧时幡会由千军台、庄户、板桥三村共同举办。因三村处于同一条山峡间，之间各相距1.5千米整，故有最西部千军台村称龙头，庄户称龙身，板桥村称龙尾的说法，后板桥村因故退出。

下午4时前，主方的旗幡及各种行当早早来到村口，旗幡一字排列，

古幡会上喜悦的村民

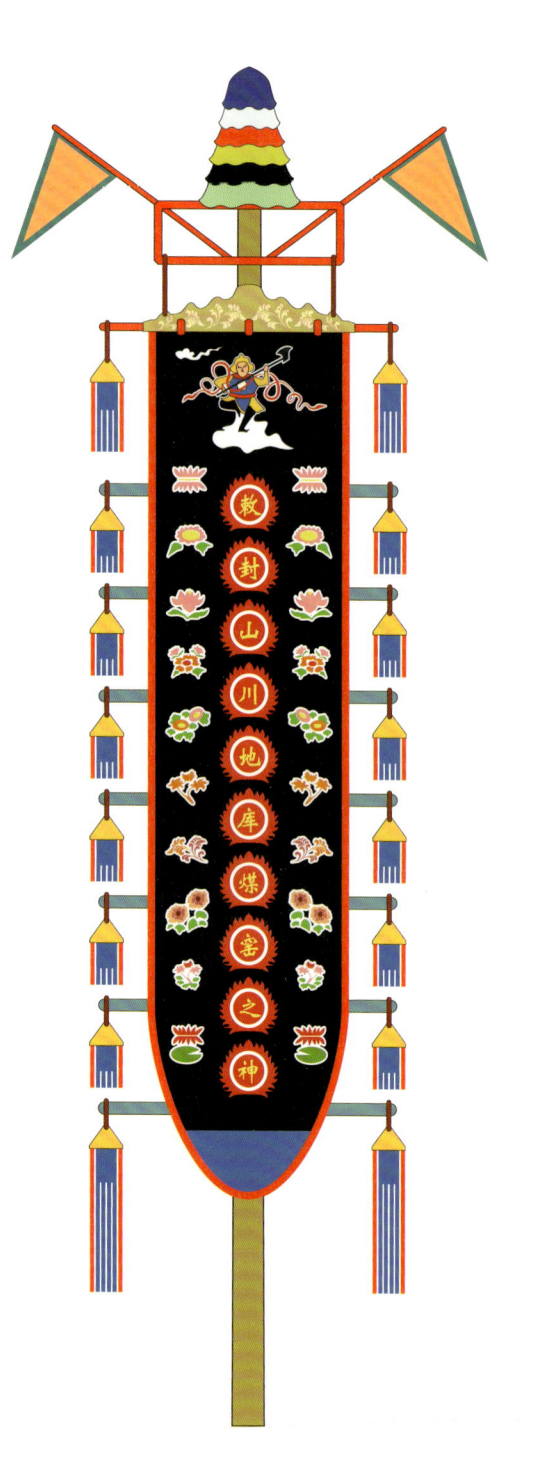

**庄户幡会
幡旗图解**

（窑神幡）

伞幢位于幡顶，其形象最早来自印度，原为仪仗，在佛教中有避邪护法之意，佛教传入中国之后，伞幢形象也逐渐成为民间艺术中常见的视觉元素。

窑神为猛将形象，着宋明时期的铠甲，其单脚站立的姿态常见于佛教美术中，所持武器为大斧，这是强壮武士常用的武器，煤矿工人日夜穿山凿石，其对力量的崇拜体现在窑神的形象之上。

所祀神明为窑神，其封号为"敕封山川地库煤窑之神"，黑色的幡地搭配文字周边红色火焰状的装饰，体现了窑神这一煤矿之神的职分特点。

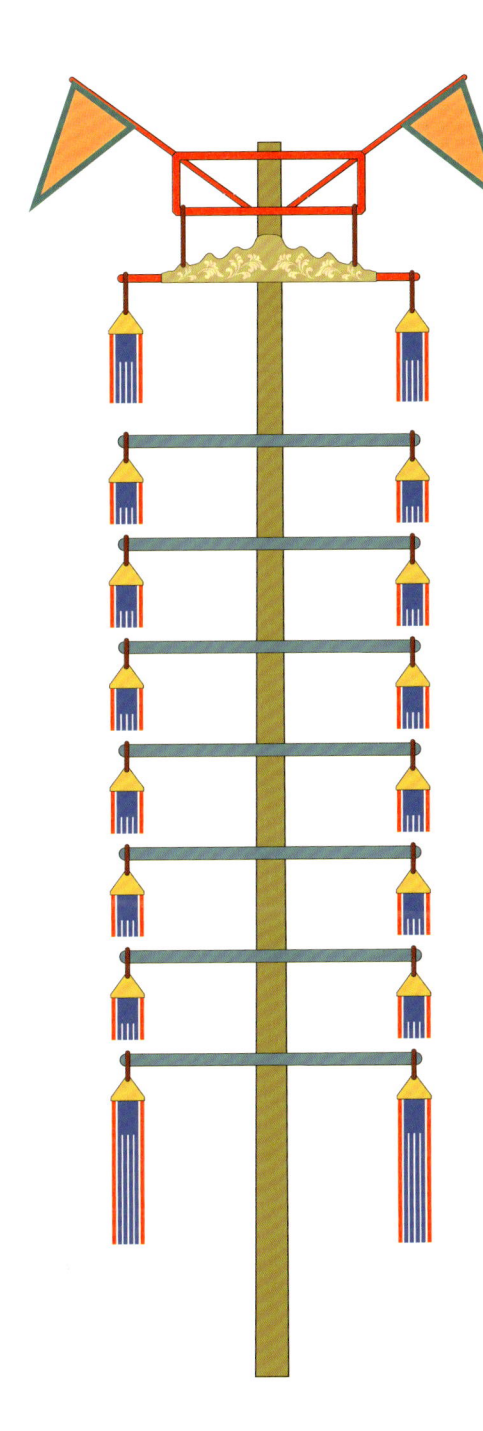

上图为幡旗，幡旗顶部为所祀神明的形象，幡面中央自上而下为神明的封号，两侧为装饰形象，以莲花、牡丹等花卉的图案为主。

左侧为幡骨，以长竹篙为幡竿，幡竿顶部有竹木条扎制的框架，框架两侧插靠旗，其含义来自令旗，有全副武装、神明号令等意义。幡竿中部自上而下横置数段竹木的横竿，可以使幡旗时刻平展无褶。

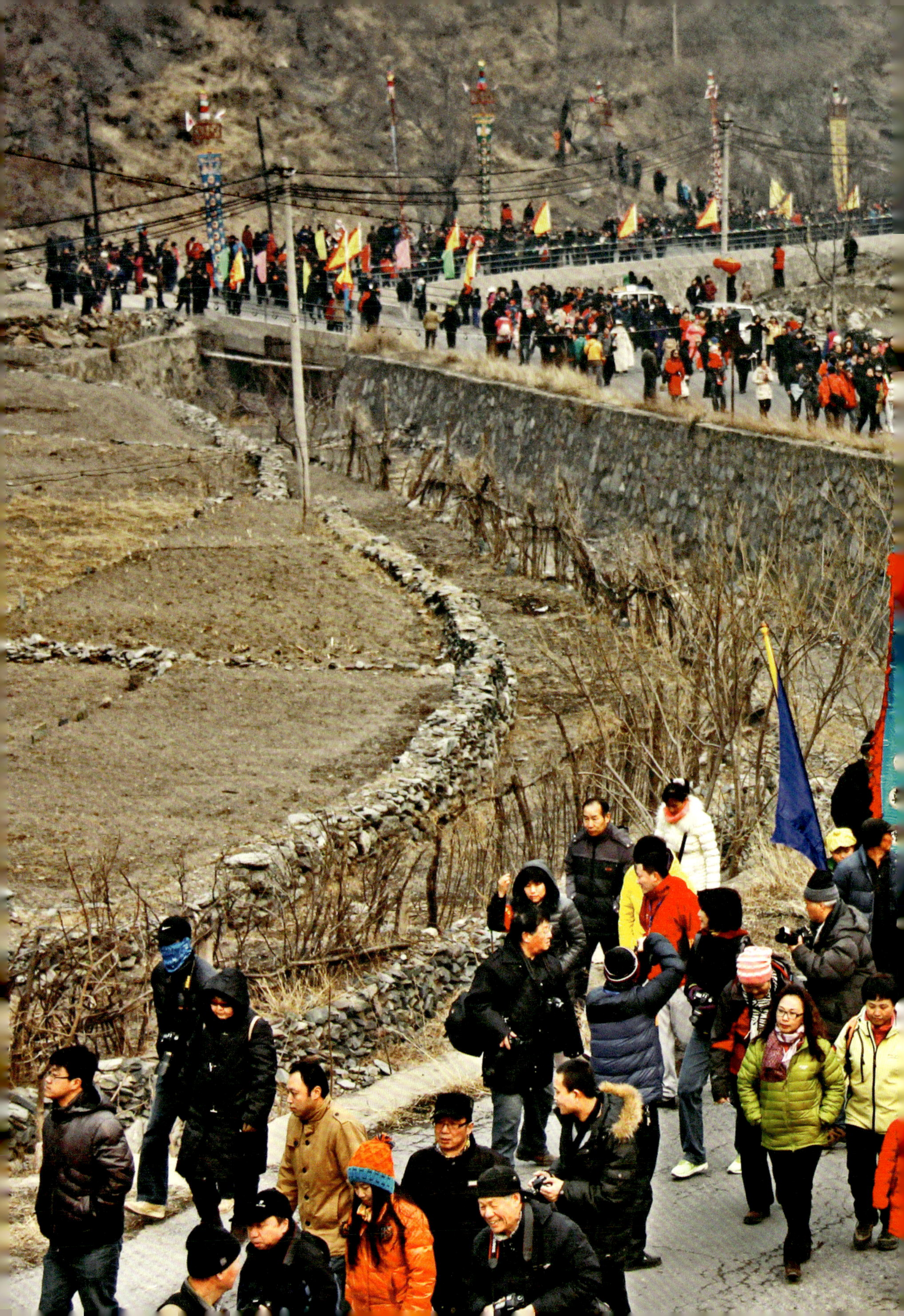

参加古幡会的村民队伍

穿着盛装、画着脸谱的幡会演员

静静恭候客方的到来。两村旗幡均以背面相向，立定放置于地，当客村会头与主村会头相见后，互致问候。二位会头命令"响锣"，于是两面大锣一齐击响。锣声是幡旗擎起的信号，也是各会档活动全部开始的命令。顿时鼓乐齐奏，如春雷动地。全部幡旗高高擎起，按照早已规定好的编排顺序组合为一个整体。擎幡者跳动着豪迈的步伐，循着鼓乐歌吹的节拍，载歌载舞。幡旗表演队列长达数百米，全部活动需500人担当各种职事，喧嚣热闹，气势磅礴。

龙泉务大鼓会

龙泉务大鼓会全称为"龙泉务童子大鼓老会"，成立于1934年，是龙泉务村民自演自乐、自行筹办的民间艺术团体。当时大家凑钱，请造鼓匠做了8面大鼓、30副花钹，邀请下苇甸村大鼓会老艺人张清传授技艺。从1934年成立到现在，童子大鼓会共有8代传承，龙泉务村的这一会档基本上保存了下来。

童子大鼓会的表演是由打大鼓和打锅子（钹）两部分人员完成，有详细的走会队伍排列顺序、表演套路、大鼓鼓点传承。正常表演为8个小伙敲打8面大鼓，12个儿童身穿彩衣击打12副铜钹，表演各种武术动作。表演时鼓声咚咚，震耳欲聋，声传数里之外。场面壮观激昂，让人精神振奋。锅子鼓点气势磅礴，节奏紧密，表演生动自然；童子摆出各种造型，生机勃勃。

新中国成立前，大鼓会一般在春节、庙会期间表演，农民为酬神、祈雨、庆丰收，也组织表演活动。新中国成立后，大鼓会曾多次参加区里组织的活动。龙泉务村童子大鼓于2006年入选《第一批北京市级非物质文化遗产名录》。

琉璃渠五虎少林会

琉璃渠五虎少林会不仅是京西著名的会档，还是琉璃渠村的民间体育组织。

琉璃渠村盛产琉璃。琉璃窑厂的工人来自全国各地，其中有不少人能够使拳弄棒。在工余时间，他们经常聚集在一起进行锻炼切磋，拳来脚去，引来大批村中少年进行围观。时间长了，少年们就和窑厂的工人们相熟，耳濡目染，逐渐在琉璃渠村形成了一个自发的群众习武团体。每逢年节，他们就到村里以及邻村进行表演，不仅参加当地的妙峰山庙会、九龙山庙会的走会活动，而且还去涿州药王庙进香。这些活动为日后村里成立五虎少林会打下了坚实的基础。

1920年，琉璃渠村五虎少林会成立。五虎少林会表演项目以"五虎棍"为主，有"文场"进行伴奏。在武术表演方面，他们所演练的器械有单刀、枪、剑、棍、春秋刀、双手带、月牙铲、单戟、双戟、方天画戟、斧、双斧、矛、四镜、月牙剑、护手双钩、匕首、拐子、三方杖、牛心拐、三尖两刃刀、七节鞭等。

五虎棍表演的是赵匡胤大战"董家五虎"的故事。一般由7个人表演，因"董家五虎"都使齐眉棍，故而称为"五虎棍"。五虎少林会组织的成立，为琉璃渠村爱好武术的人们提供了一个交流的平台。民国年间，宛平县给了他们一个官方的名分，叫作"商团保甲"，让他们担负起维护本村治安的职责，后来他们又被称为"北平国术馆琉璃渠村第三分社"，五虎少林会成为了正式的民间体育组织。

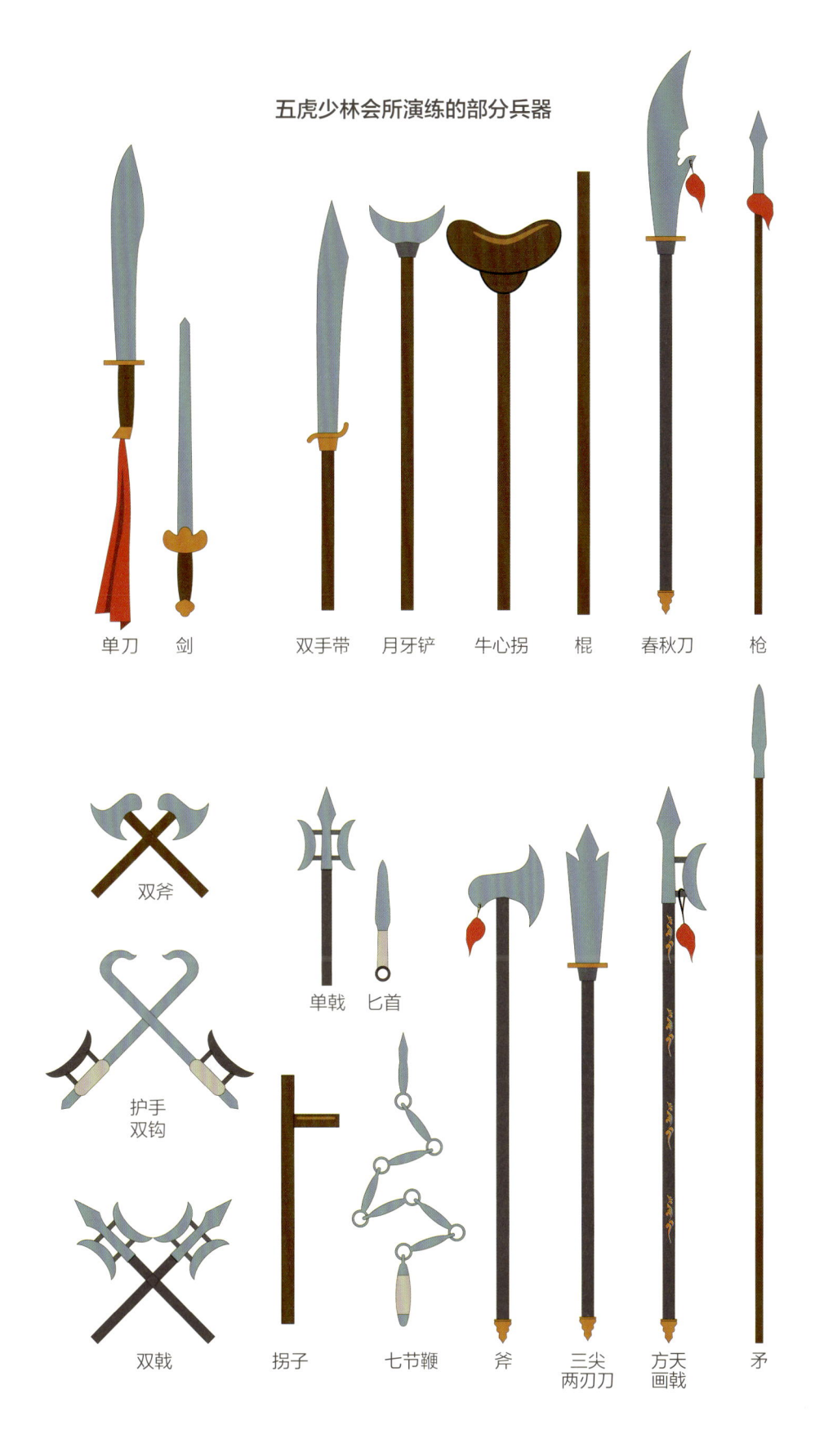

五虎少林会所演练的部分兵器

单刀　剑　　双手带　月牙铲　牛心拐　棍　春秋刀　枪

双斧　　护手双钩　　双戟　　拐子　单戟　匕首　七节鞭　斧　三尖两刃刀　方天画戟　矛

131 人文

山水

[门头沟地质地貌
门头沟的山
门头沟的水
门头沟的峡]

门头沟地质地貌

门头沟区是北京西部的远郊区，山地面积占98.5%，是北京山地比例最高的区。它处于我国地势三大阶梯的第二级与第三级的过渡带上，总的趋势是西北高、东南低，且地势高低悬殊，海拔千米以上的山峰有150余座，包括海拔2303米的北京市最高峰——东灵山。门头沟区的山地主要由四列西南—东北走向的山系构成。自北向南依次为灵山—黄草梁—灰金坨—笔架山、白草畔—百花山—老龙窝—鏊髻山—清水尖—妙峰山、九龙山—香峪梁、马鞍山—卧龙岗。由于山地切割严重，各岭脊之间形成大大小小的沟谷，宽山、窄谷是门头沟的典型地貌特征。北京母亲河永定河似一把利刃将四列大山斩断，又像一条银链把重重大山串联起来，号称"百里山峡"的永定河大峡谷有90千米在门头沟区境内。山的雄浑，水的柔美，相得益彰，自然天成。

门头沟区的山分为中山、低山和丘陵，以中山为主。门头沟区的低山区和丘陵坡度较缓，覆盖黄土，植被较为茂盛，盛产优质水果和干果。大山造就了"灵山三海"（云海、林海、花海）、"百花山三绝"（千山万壑赴都门、百花争妍、晴天响雷)、妙峰山"金顶圣境""万亩玫瑰"等诸多美景。

2000多万年前,门头沟一带曾经历过一个准平原时期。后来,随着地面不断抬升,加之河流切割、风雨侵蚀,逐步形成今天的地貌景观。现在门头沟许多山的山顶比较平缓,依然遗留着北台期的准平原地貌,我们把这些比较平坦的山地称为夷平面。这些夷平面海拔比较高,植被以高山草甸和针叶林为主,各有特色。

门头沟的沟谷位于四列大体平行的山系之间,山谷中的大小河川最终大多汇入永定河。斋堂川是门头沟最长最宽的河谷,斋堂川内的清水河是门头沟境内永定河最重要的支流。其他的沟谷大多比较窄,且落差较大,其中有一批沟谷植被茂盛,泉水充沛,潭瀑相连,景色优美。永定河自官厅山峡进入西山,劈山成峡,顺流成谷,穿山绕岭,屈曲回环,于三家店出山,造就了100.5千米长的大峡谷。其长度、深度超过北京郊区所有的峡谷,是世界各国罕见的首都郊区大峡谷。

由于西山不断抬升,河流不断下切,永定河及其支流两侧形成了多层阶梯状的地形,也称阶地,如沿河城、太子墓等。在河谷和山麓则有一些平顶陡崖的台地,如西大台、王大台、东大台、燕家台等。这些阶地、台地有相对平整的地面,且大多土层较厚,水源条件较好,是门头沟村落分布的重要地区。此外,在永定河出山口一带还有龙泉镇、永定镇两片冲积扇小平原,虽然只占全区面积的1.5%,却居住着门头沟全区三分之二的人口。

受多种地质作用的影响,门头沟出露的地层比较齐全,地质现象和地质资源丰富,有"地质博物馆"之誉,作为我国近代地质工作开展最早的地区之一,门头沟有"中国地质工作的摇篮"之称。门头沟的地层

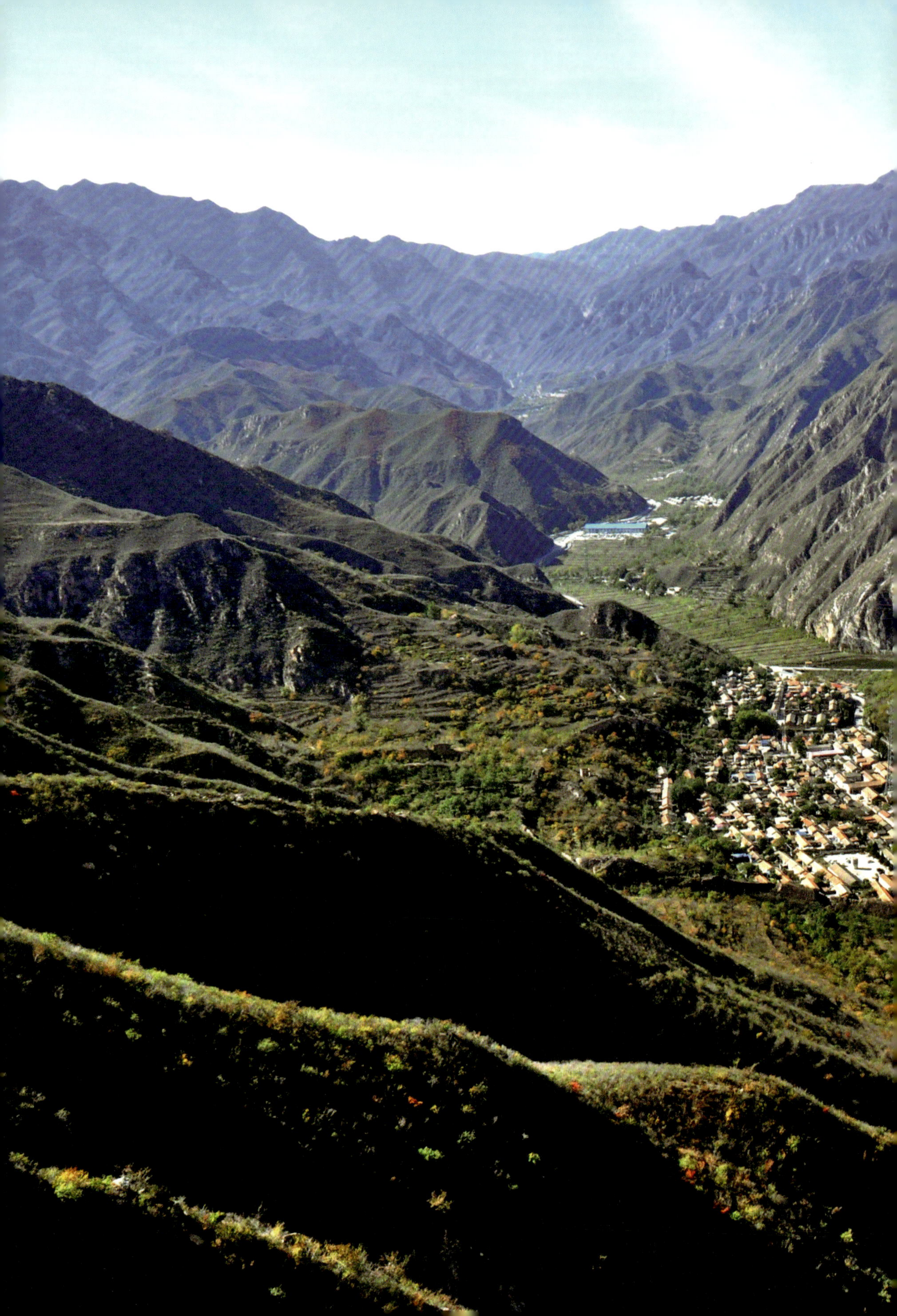

沿河城断裂带

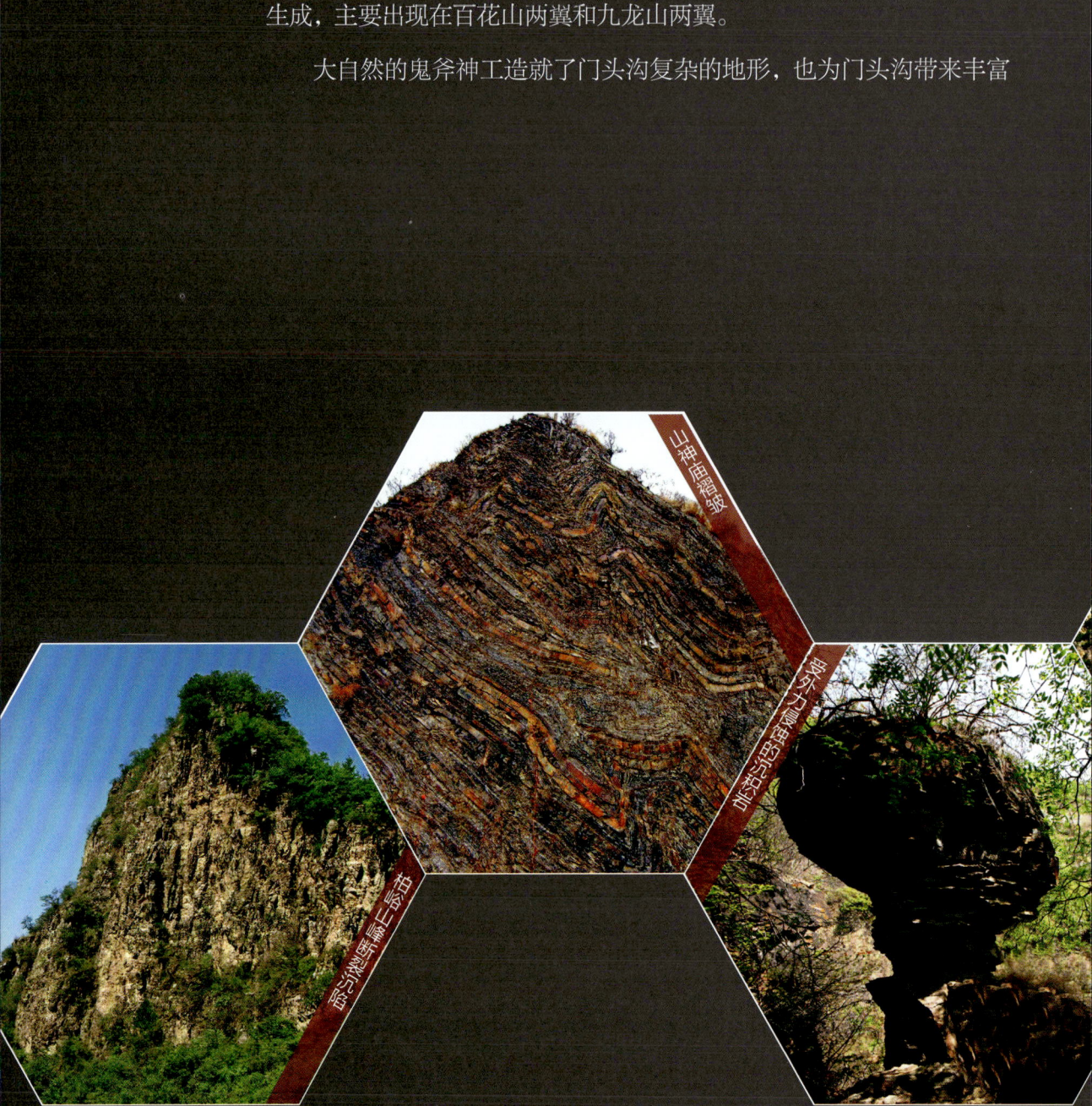

生成，主要出现在百花山两翼和九龙山两翼。

　　大自然的鬼斧神工造就了门头沟复杂的地形，也为门头沟带来丰富的矿藏。据有关部门统计，门头沟已探明的主要矿藏有煤、石灰石、叶蜡石、玄武岩、玉石、塑性黏土、金、银、石棉、铁、铜等20多种，矿产地70余处。其中煤炭储量最大，叶蜡石和潭柘紫石最有特点。历史上，门头沟区盛产的煤炭、石灰石和砂石等，对北京城的发展起了极其重要的作用。

斜河涧冰川漂砾

古炎人遗址

永定河峡谷中的地层

门头沟的山

北京之巅——东灵山

　　东灵山又名灵山，位于门头沟区西北部，主峰海拔2303米，是北京市的最高峰。这里气候独特，春季花繁草荣，夏季碧野葱葱，秋季野果盈盈，冬季雪谷挂冰，200公顷草甸、300多公顷森林组成了一个绿色的世界。这里夏季气温比京城低12℃，是绝佳的避暑胜地。

　　灵山是天然的动植物园，这里生长生活着800多种植物和700多种动物，是科学考察的理想场所。一年一度的"北京灵山藏族风情节"是北京人了解藏族文化的一个窗口。在风情节期间，灵山每天都举行藏族风情歌舞表演、锅庄舞会、篝火晚会、围脖拔河、赛牦牛、射箭等藏

灵山秋色

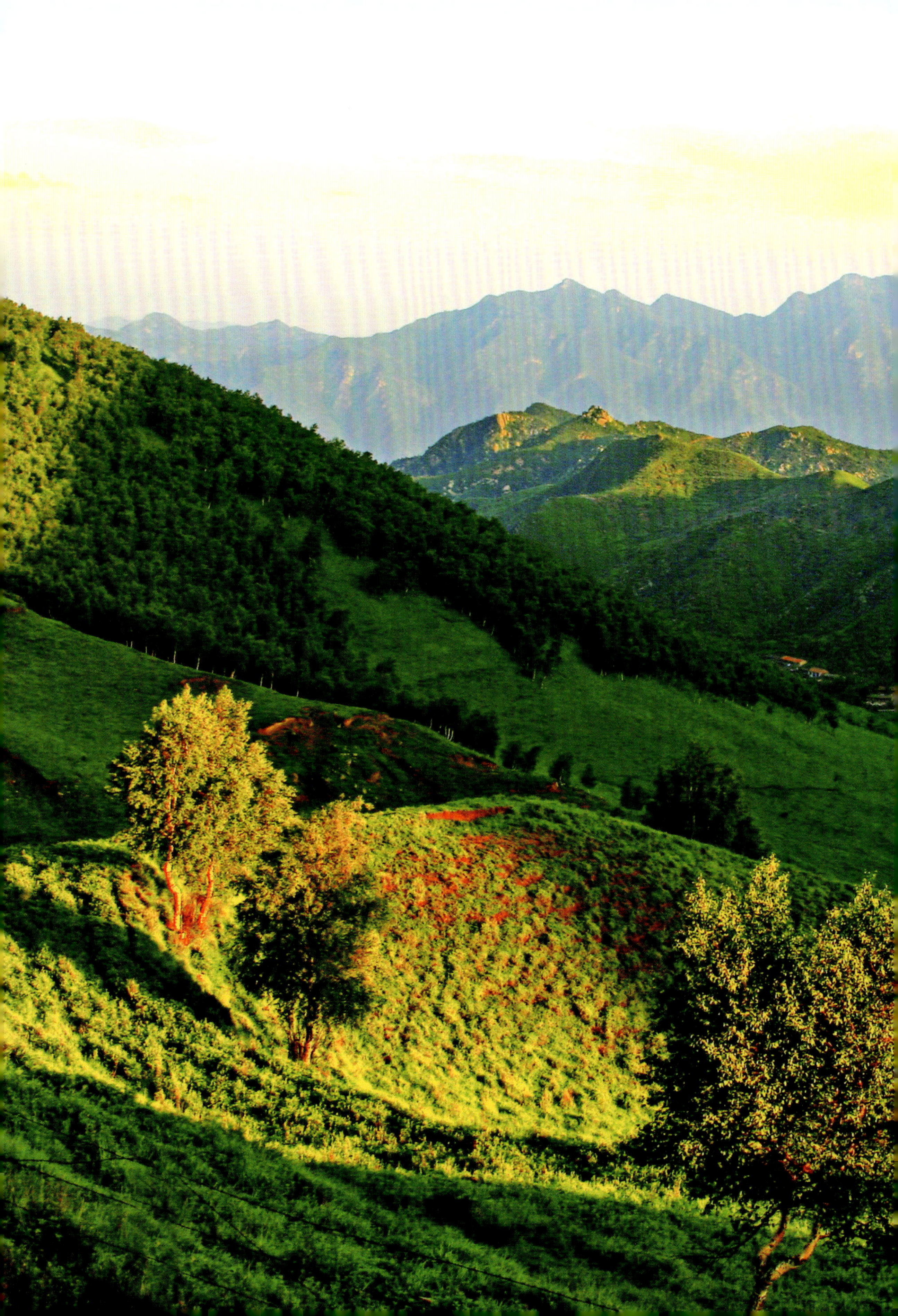

灵山的晨曦

灵山牦牛

族传统文化活动。在充满高原风情的藏族一条街上，游客不仅可以现场观看藏族传统餐饮手工制作的全过程，还可以品尝到原汁原味的糌粑、酥油茶、人参果粥、手抓肉、藏族烧烤、奶条、酸奶等藏族食物饮品，见到具有浓郁雪域风情的传统手工制品和冬虫夏草等藏药原材料。

百花山

百花山位于门头沟区清水镇境内,是北京最高的山峰之一,山顶是平阔的大草甸。每年的7月中旬到8月底间是百花山最美的时候,此时的百花山野花遍野,空气清新,是名副其实的天然大氧吧。百花山国家级自然保护区属于森林生态系统保护类型,主要保护对象为温带次生林。截至2013年,保护区植物有140科485属1100余种(含变种等)。其中,特有植物有百花山花楸、百花山柴胡、百花山葡萄、百花山鹅观草、百花山毛苔草五种。百花山国家级自然保护区内有"古石海""冰缘城堡""冰壁岩柱"等地质奇观。这些地质变迁的古遗迹,形成于晚更新世和全新世早期。有"天然长城""母子石""震山石""锦簇攒天"以及东梁的"驼峰""文殊像"等典型的地质景观。

百花山的草甸

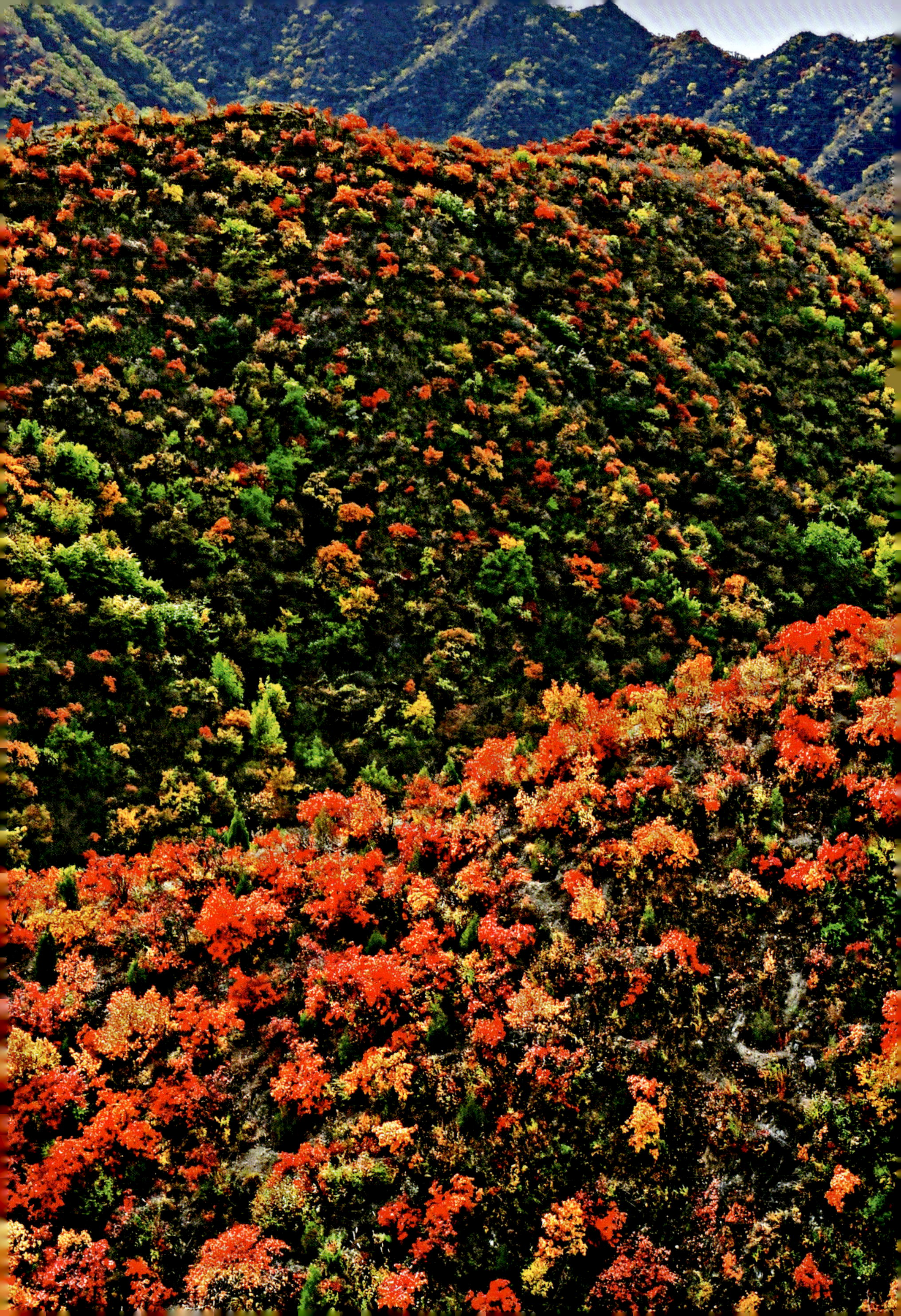

秋染百花山

妙峰山

妙峰山亦称妙高峰，位于门头沟境内，距市区55千米，海拔1291米，面积20平方千米。妙峰山以古庙、奇松、怪石、异卉而闻名。山上林木葱茏，风景优美，有日出、晚霞、雾凇、山市等时令景观，有品质极佳的玫瑰花。妙峰山各种奇花异卉四季常开，"四面有山皆如画，一年无日不看花"。妙峰山浓聚名山之奇景，汇聚人间福地之精华，境内名胜古迹众多。最为著名的有辽代皇家名刹仰山栖隐寺、大云寺等，可谓"山为佛生景，佛为山增色"，二者相得益彰。久负盛名的妙峰山娘娘庙始建于辽代，是明清时期华北地区重要的民俗文化中心。

百花山秋季的景色

九龙山

九龙山为北京西部重要山峰之一，位于门头沟东部。其山势和缓，岭脊呈东北—西南走向，绵延数千米，远眺似龙状，故得名。九龙山为燕山期以来形成的典型向斜山峰之一。地层由凝灰质砂岩、粉砂岩、砾岩等构成。山麓一带出露古生界二迭系含煤地层，为北京市主要的产煤区，原北京矿务局所辖的"八大煤矿"有五个在九龙山。山区植被以绣线菊、荆条等灌丛为主，顶部及阴坡有人工种植的油松林，北侧沟谷地带产核桃、柿子等。

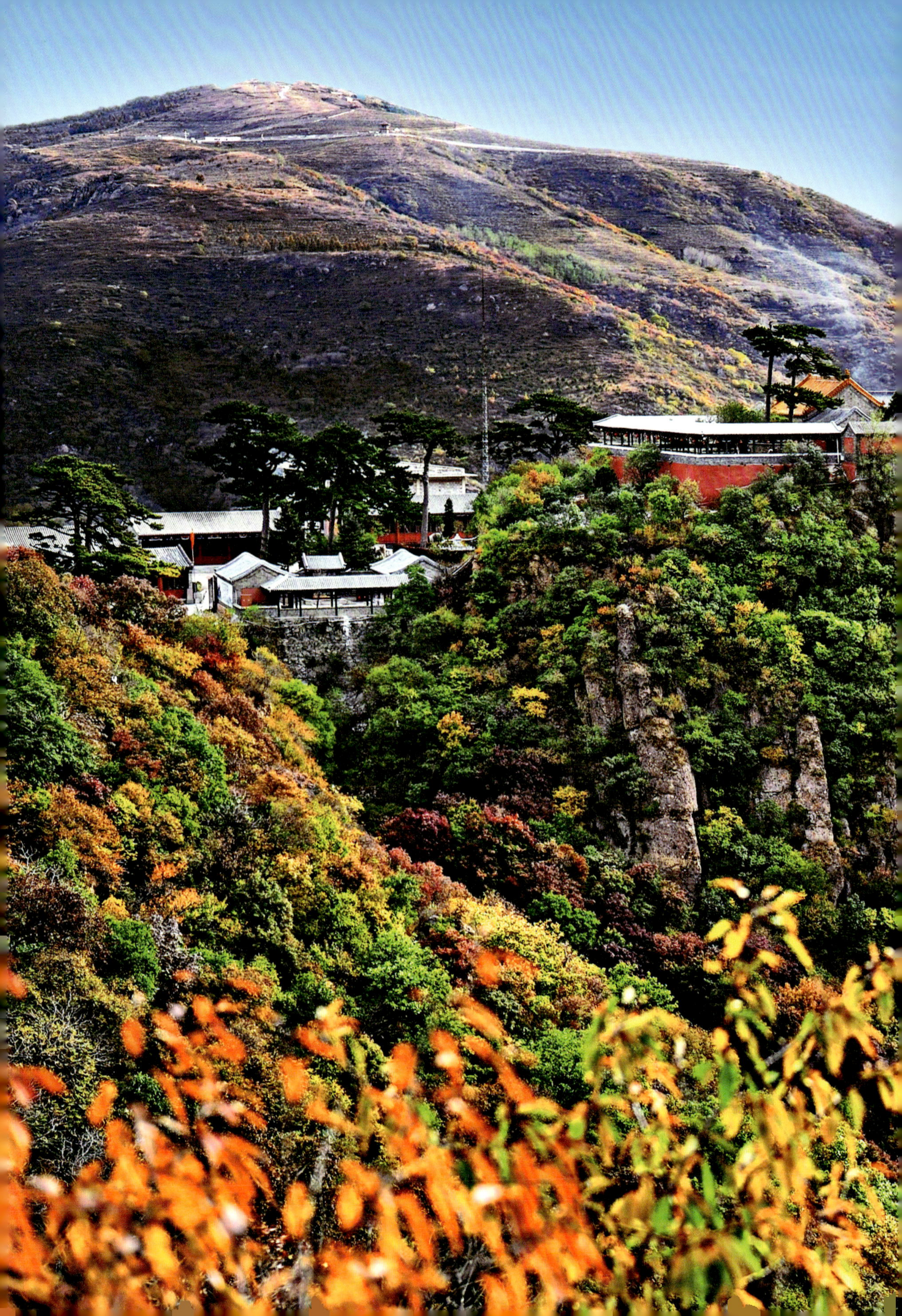

妙峰山秋景

门头沟的水

门头沟的水域绝大多数属永定河水系,千流万脉汇于一线,由于地形因素,这里的河谷下切作用明显,山高水丽,十分壮美。

永定河发源于山西省宁武县管涔山天池,是北京最大的一条河流。被誉为"北京的母亲河"。永定河在东汉时期成书的我国第一部记述江河水系的专著《水经》上就已有记载,北魏郦道元的《水经注》上称之为"㶟水",这是永定河最早的名称。永定河上游称为"桑干河",在河北省怀来县夹河村,与发源于内蒙古的洋河汇合后,称为永定河。

"永定河"一名确定于清初,清康熙三十七年(1698年),康熙皇帝亲临永定河治河工地视察,竣工之际,赐河名为"永定",并敕封永定河神,"立庙卢沟桥北,题额建碑,奎文炳耀河神之封"。

历史上,永定河沿线建有多座永定河河神庙,目前,只有门头沟三家店龙王庙内还保存有永定河神的塑像。三家店龙王庙原名龙兴庵,清顺治二年(1645年)重修后,后改称为龙王庙。到了康熙五十一年(1712年),三家店村"沃野千畴川涂沟浍,灌溉以利民之食其利也

与群山相映的永定河

久矣"。为了感谢永定河神,当地绅民再次重修龙王庙,"恩报其功","利之在人土者人祀之,而利之在我土者我祀之",此后每年农历六月十三龙王爷生日这天,三家店居民都要进行大规模的祭祀,这一习俗一直延续了200多年。

永定河泥沙含量大,季节流量变化大,伏秋雨季,水脉劲急,常常破堤决堰,涂炭生灵。从金收国元年(1115年)至1949年的835年间,永定河决口、漫溢146次,平均5年就有一次洪灾。明天启六年(1626年)和清康熙七年(1688年)、嘉庆六年(1801年)、光绪十六年(1890年),洪水曾多次殃及北京城。自金元以降,对永定

河的治理、开发和利用工作就一直没有停止过。新中国成立以后，人民政府在永定河上游修建了官厅水库、三家店水利枢纽等一系列的水利工程，才真正使永定河变害为利。

门头沟境内永定河上的水利工程，除了前文所述的三家店水利枢纽之外，还有雁翅镇珠窝村西北的珠窝水库。自1968年5月起，门头沟区旅游局将珠窝水库开辟为景区，并定名为"珍珠湖"。湖长9.5千米，湖区呈狭长状，两岸是陡峭的悬崖。湖左右两岸的山势也各具特色，左岸的山峰，奇石林立，千姿百态；右岸的山峰则截然不同，呈层岩状，层峦叠嶂，怪石嶙峋，为典型的台岭结构，左右两山夹持，最窄处仅有

门头沟山间一处静静的永定河滩地

120米宽，最宽的地方达480～500米。有山有水的地方才有灵气。有人说珍珠湖是小漓江，有人说它是京西小三峡，更有人说它既有泰山之雄，亦有华山之险，更兼雁荡之幽。

向阳口村位于珍珠湖的上游，这里背风向阳，日照充足，有"向阳

秋季的永定河河岸一景

口"之称，冬暖夏凉，四季如春，气候宜人。永定河流到这里，三九严冬也不结冰，雪下到地上就化成了水。有诗曰："河边照影行，人在清河底，天上有行云，人在行云里"，正是这眼前美景的写照。

清水河是永定河在门头沟境内最大的一条支流，也是门头沟第二大

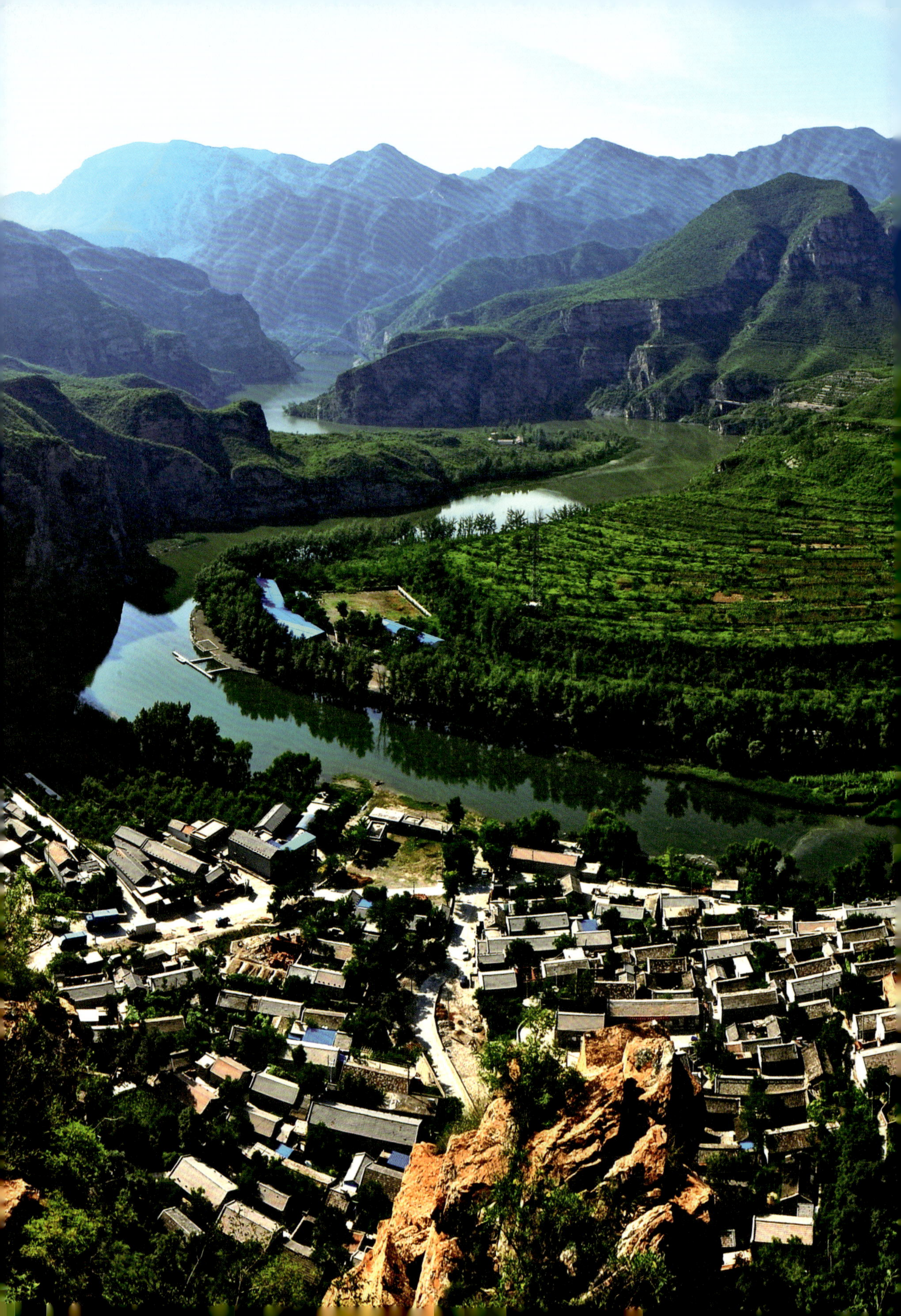

珍珠湖畔的古村

河。清水河上源有两支，北支发源于灵山，古称"灵源川"；南支发源于百花山，两支于塔河口汇合，始称清水河。清水河自西向东流，经上清水、下清水、西斋堂、东斋堂、西胡林、东胡林、军响、塔岭沟，到青白口汇入永定河，从西向东纵贯整个斋堂川，在深山中形成了一片比较平坦的河谷。这里是一片适合人类生息的土地，所以斋堂川地区比较大的村子都在清水河两岸。

清水河流域高山绵亘，是北京城天然的屏障，自古就是兵家必争之地。明代时，在这里先后设立了斋堂仓、斋堂城以及一系列的关口，设立了齐家庄巡检司，清代又驻有平罗营绿营兵。1938年八路军挺进斋堂川，在这里创建了平西抗日根据地，以这里为中心，"巩固平西，坚持冀东，开辟平北"，与日本侵略军进行了殊死搏斗，为取得抗日战争的胜利作出了重大的贡献。解放战争时期，这里是我军的大后方，

为取得解放战争的胜利培养了一大批干部。

清水河流域物产丰富，灵水的核桃、火村的红杏、煤窝的土豆、柏峪和龙王村的大杏扁、九龙头的苹果都是"名优特"农产品；河两岸山下埋藏有丰富的煤炭资源，煤炭曾是斋堂川一带各村的支柱产业。

清水河流域文化底蕴深厚，北京市三个"中国历史文化名村"中有两个在清水河畔，分别是爨底下和灵水村。大南沟的天仙会（六村联合会）、上下清水村的天仙会以及各村世代传承的民俗，都是宝贵的非物质文化遗产，也是清水河的先民馈赠后世的珍贵财富。

斋堂水库是清水河主要的水利工程，位于清水河河谷西斋堂村西南的峡谷处，水库是以防洪为主、兼具供水功能的中型水库，是北京市重要的地表供水水源。库区风景优美，青山如黛，鸟语花香。近年来，白天鹅频频光顾，野鸭及其他水鸟在此筑巢繁衍，给水库带来了勃勃生机。

三家店水闸远眺

门头沟的峡

峡谷是深度大于宽度、谷坡陡峻的谷地，为 V 形谷的一种。一般发育在构造运动抬升和谷坡由坚硬岩石组成的地段。当地面隆起速度与下切同时发生时，易形成峡谷。门头沟多山，因而峡谷也多。峡谷不仅风景独特，而且还是了解地质的大课堂。

龙门涧位于门头沟区清水镇燕家台村，距市区 90 千米，西临灵山，南望京西大花园百花山，北有黄草梁，东近爨底下古村，位置得天独厚。龙门涧全长 15 千米，地质构造丰富奇特，被学者誉为中国"北方的地质博物馆"。

龙门涧分为东西两涧，有龙门涧大峡谷、鬼谷、悬空寺等自然和人文风光。由于这里聚集了我国几类著名风景区的景色，有"三峡之气势""桂林之秀美""匡庐之飞瀑""黄山之叠泉"，因此，龙门涧得到了诸如"燕京小三峡""京西小桂林""京西小黄山"等美誉。进入龙门涧峡谷，两侧山峰对峙，高耸碧空，如斧劈成。涧内泉水涓涓，溪水潺潺。夏日绿枝俏空，冬日崖挂冰凌。这里有将军石、一线天、试剑

龙门涧中的将军石

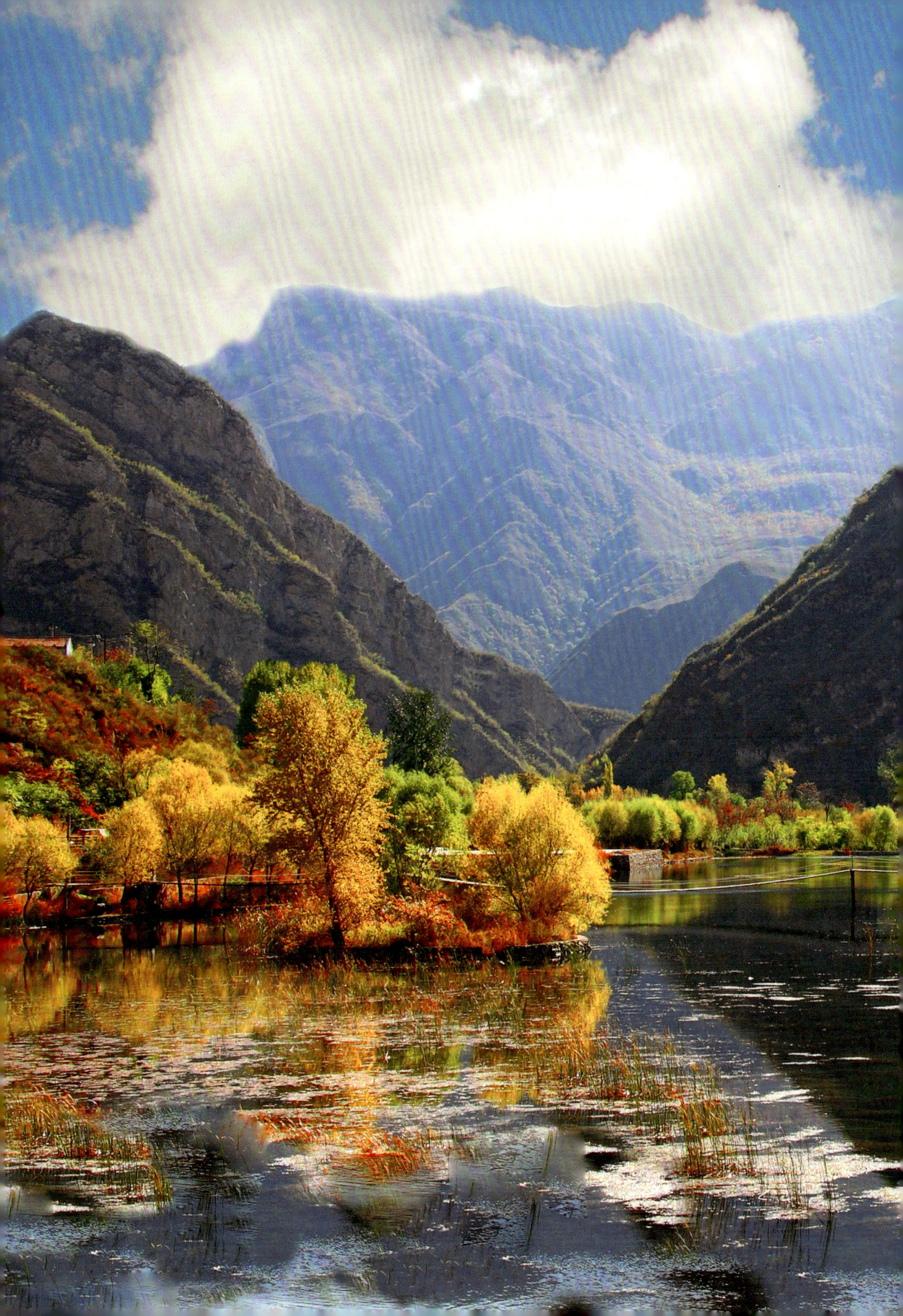

永定河大峡谷

峰、黑龙潭、听音阁、祭天台等景观。鬼谷幽谧静穆，奇幻莫测。京西悬空寺清风习习，翠柏林立。龙门涧人文底蕴丰富。这里有蚩尤兄弟鏖战的雄魂、大禹治水的旧迹、于谦保卫京师的古战场、尹志平（丘处机的大弟子）督建的庙宇，更有革命英烈为民族解放而前赴后继、浴血奋战的足迹。

双龙峡位于门头沟区斋堂镇火村南2.5千米的青山翠谷中，长15千米，老龙窝最高峰海拔1646米。自然形成的25米以上的瀑布两个，10米以下的瀑布不计其数。随山涧自然形成的仙女潭、一线串珠、八仙观洞、响水潭、双龙戏龟、仙女梳头、七音瀑、青蛙石、回音壁、天堂泉等诸多景点和30多个小瀑布布满山涧，形成天河水潭相连的特殊景观。春天来临，冰雪融化，山花盛开；夏天满谷清凉，泉水涌流，古树参天。

双龙峡第一瀑布至第二瀑布的山谷内，沿溪流、山径，藤蔓植物与灌木、乔木纠缠盘结，形成约5千米长的天然植物走廊，郁郁葱葱，号为"藤萝谷"，为双龙峡一大奇观。在峡谷各处还生长着许多具有观赏、药用、经济价值的植物，如软青枣、山桃、映山红、报春、胭脂、丁香、野花椒、玫瑰、绣红菊、黄芩、益母草、六道木、柴胡、桔梗、百合、野草莓等。还有古杨树、古柳，200年的野猕猴桃树，300多种野生药材，古树古藤遮天蔽日，如同到了仙境。

南石洋大峡谷位于京西雁翅镇马套村西北，主峰坟台地。地质主要有元古界震旦系、古生界寒武系、奥陶系、石灰系，以及中生界侏罗系和新生界第四系等。岩石种类比较齐全，包括多种沉积岩、变质岩和火成岩。

南石洋大峡谷在地理上处于西山的"东灵山—黄草梁—笔架山"褶

双龙峡之秋

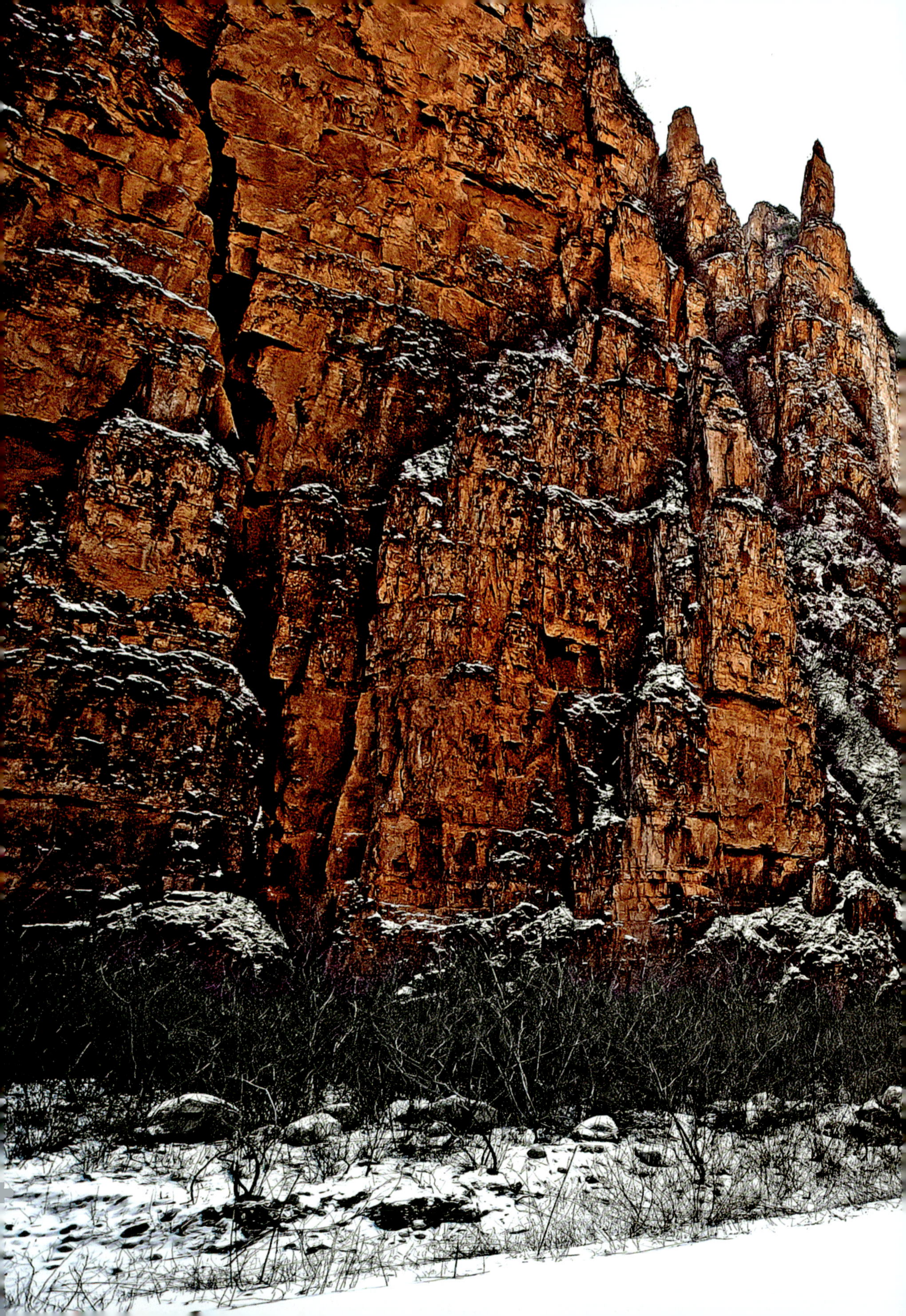

南石洋大峡谷

皱隆起带中，是由山峰、峡谷、奇石、悬崖构成的集雄、奇、险、幽于一体复杂的地貌群，蕴藏了极其丰富的地文景观。南石洋大峡谷里的景点主要有巨石阵、梯子口、三岔口、张罗水、罗大天、天花塔、单门楼、梳妆楼等。以天花塔最为独特，这座自然形成的狭小而高耸的百米山峰，像古代一座宝塔，神奇地屹立在峡谷中央。从春天到深秋，塔峰的南北两侧均开放不同颜色的花，美妙而神秘。传说这是托塔李天王向孙悟空投下来的宝塔。从"塔"基到"塔"顶，一年四季都开有五颜六色的花，形成花塔，于是被人们称为天花塔。游客来此，可以尽情地欣赏大自然的精巧技艺和鬼斧神工。坟台地和笔架山分别是大峡谷的第一、第二高峰，坟台地海拔1548米，笔架山海拔1448米。坟台地和笔架山是观

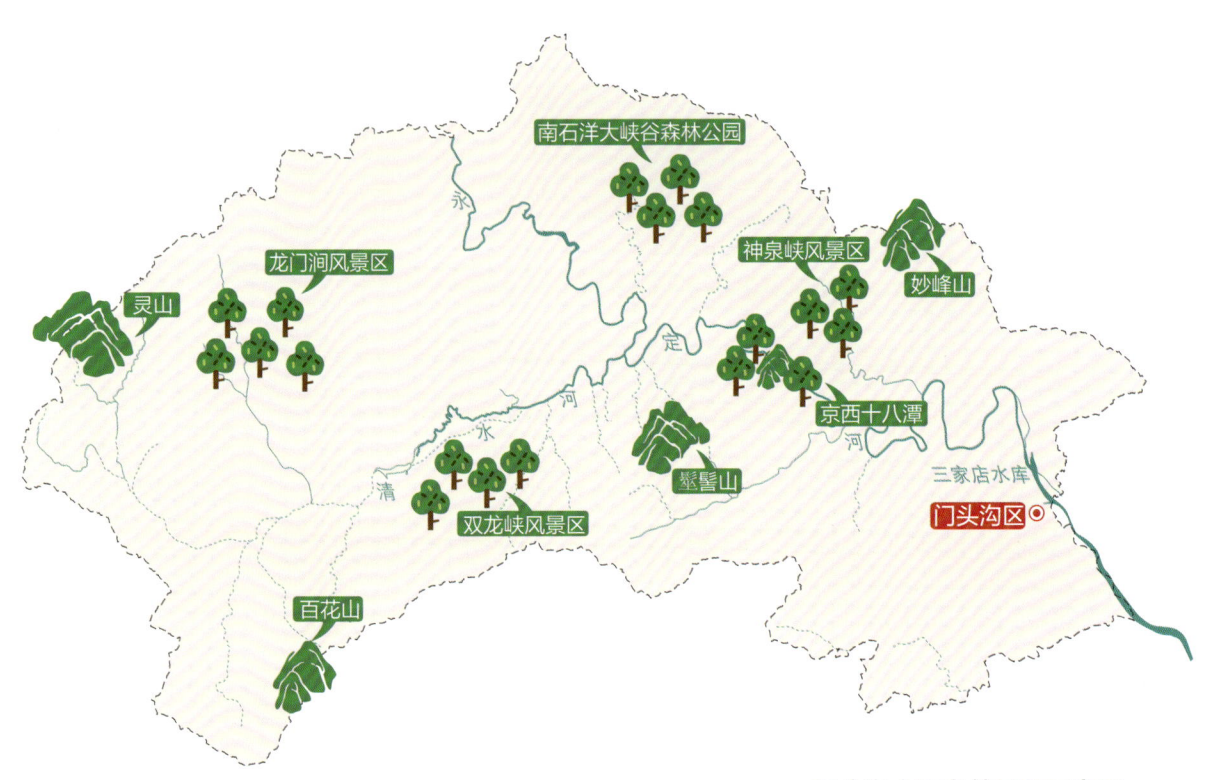

门头沟主要自然景观示意图

赏日出和晚霞的绝佳地方。每当夜晚，人及峰顶，抬头见白云，伸手摘星辰，举杯邀明月，羡煞天上人。

"京西十八潭"位于门头沟区王平镇安家庄村境内，地处海拔1528米的清水尖山峰北麓，以谷深、石奇、水特、花异而著称。在这里可以观赏到葱茏茂盛的原始植被、色彩纷呈的奇花异草。十八潭谷内溪水奔流、峰回水转、逢崖成瀑、遇壑成潭，有"三瀑六景十八潭"之奇观。"三瀑"飞流直泻，高者10米有余。水急泻而下，好似巨龙吐珠，飞珠溅玉，在阳光照耀下，熠熠生光，晶莹一片。"六景"各具特色，山峰挺拔、峡谷幽深、怪石嶙峋、山泉叮咚、鸟语清脆、虫鸣起伏、花香袭人、景致奇绝。"十八潭"则深浅不一，飞瀑入潭如珠落玉盘，潭中还有无数条不知繁衍生息了多少代的精灵般的小针鱼，清纯至极，灵动异常。潭潭有水，潭潭有鱼，景趣天成，京西十八潭也因此而闻名。谷口两山如门，溯谷而上，一峰三折，山势奇峭；奇峰怪石，飞泉直下，决石分流，声击崖穴；山石壁立千仞，层峦叠嶂，崖壁藤萝密布，聚花如织。

神泉峡位于门头沟区妙峰山镇炭厂村西1千米处，面积约15平方千米。与著名的妙峰山遥相呼应，峡谷曲折蜿蜒，河水悠长碧绿，山崖险峻，森林茂密。泉水与峡谷纵横交错，汇集而下，直入永定河，故名神泉。神泉峡景区原为"城门原始林保护区"，是一片北京郊区少见的原始林地，内有椴木树、青杠子树、杉荆子树、大叶杨树、山葡萄等多种原始树种。近年来，神泉峡近旁的炭厂村栽种了50多公顷杏树，建立了60余公顷的果园，种植苹果、核桃、杏园、樱桃等水果。此外还种植了香椿、红果、海棠、大枣、李子等众多果木树，给神泉峡增添了别样的精致。

发展成就

> 主要经济发展成果
> "十二五"时期的四个成就
> "十二五"时期的五个体会

在定都峰上远眺北京城

88.6%
高新技术产业产值
占工业总产值比重

主要经济发展成果

门头沟区"十二五"时期
农村人均可支配收入增长
单位：元

门头沟区"十二五"时期
城镇人均可支配收入增长
单位：元

门头沟区"十二五"时期
GDP 增长
单位：亿元

12002	20127	26220	42136	86.42	144.1
2010年	2015年	2010年	2015年	2010年	2015年

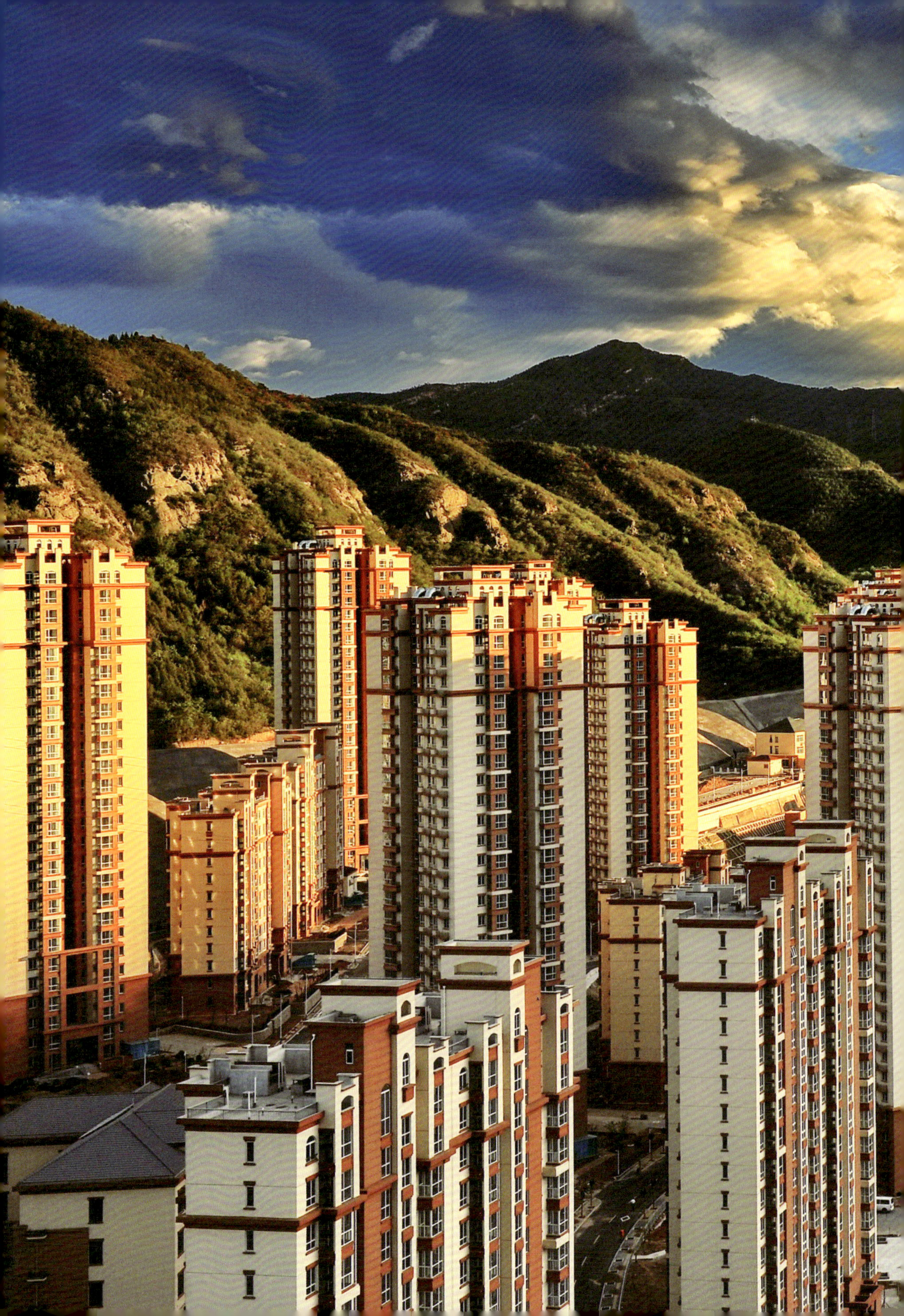

门头沟新建的棚户区改造安置房

"十二五"时期的四个成就

产业转型迈出坚实步伐　新的经济增长点加快培育

产业发展基础不断夯实
统筹推进规划布局、空间拓展、改革创新等工作，聚集转型发展新优势。

产业转型升级加速推进

旅游文化休闲业加快培育

城乡建设持续推进　可持续发展能力不断提升

生态建设取得重大突破

基础设施承载力不断提升

城乡建设成效显著

坚持保障和改善民生　社会建设水平不断提高

就业与社会保障工作不断加强

公共服务水平不断提升

社会管理服务不断创新

社会总体保持安全稳定

推动改革创新和法治建设　政府自身建设不断加强

作风建设不断加强

改革创新持续深入

民主法治建设不断完善

发展成就

门城雪景

"十二五"时期的五个体会

必须坚持区域功能定位,走生态文明发展之路。以落实生态涵养区功能定位为根本标尺,高举生态文明建设的大旗,积极承担生态保障、水源涵养、旅游休闲、绿色产品供给等功能,在服务首都大局中提升地区发展水平

必须坚持改革创新,不断推动经济结构转型升级。以转型发展为目标,以改革创新为动力,着力破解发展中的难题和矛盾,突出创新创业发展,积极构建符合门头沟资源特色的"高精尖"绿色产业体系

必须坚持规划先行，不断提高城乡建设水平。充分发挥规划龙头作用，加大顶层设计和统筹力度，优化城乡布局，提升建设品质，推动形成城乡协同发展的新格局

必须坚持人民主体地位，不断增进民生福祉，全力推进共建共享氛围的形成。坚定不移走群众路线，将改善民生作为工作出发点和落脚点，充分发挥人民群众的主体作用，共同把门头沟建设好、发展好、管理好

必须坚持科学决策，依法行政，建设服务型政府。全面正确履行政府职能，促进科学执政、民主执政、依法行政，加快建设法治服务型政府、创新务实型政府、高效廉洁型政府

夏日永定河

城市蓝图

[五个目标　八项任务]

"十三五"时期是门头沟区强化生态涵养区功能定位、加快转型发展、建设现代化生态新区的关键阶段，必须坚持创新、协调、绿色、开放、共享的发展理念，落实首都城市战略定位，突出生态涵养、旅游文化、科技创新三大功能有机融合，将门头沟区打造成为"和谐宜居滨水山城，全域景区化百里画廊"。

门城夜色

五个目标

生态文明再上新台阶

国家生态文明示范区基本建成，生态红线区域得到切实保护，绿色生态空间进一步扩大，环首都国家公园建设取得初步成效，主要污染物排放总量得到有效控制，完成市级下达的PM2.5浓度下降指标，基本实现生活垃圾、污水全处理，环境质量显著改善，生态涵养功能不断强化。

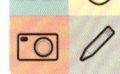

转型升级迈出新步伐

经济保持中高速增长，发展质量和效益不断提高，到2020年GDP和城乡居民收入比2010年翻一番。旅游文化休闲产业全面升级，"高精尖"产业体系基本形成，创新功能不断强化，文化潜力不断释放，构筑起支撑经济可持续发展的新动力。

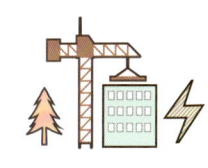

城乡建设开创新局面

城乡空间布局不断优化，新型城镇化水平显著提高，区域常住人口规模控制在34万以内。城乡路网体系逐步完善，基础设施承载能力和运行效率大幅提升。"智慧门头沟"建设全面推进，城市精细化管理水平显著提升。

民生福祉实现新提升

城乡居民收入实现与经济同步增长，确保低收入村和低收入户收入增速高于全区平均水平。公共服务的优质化、均等化程度显著提高，城乡统一的社会保障体系基本实现全覆盖，城乡居民健康水平和文明素质不断提升，社会更加安定有序，人民幸福感和满意度持续增强。

改革创新取得新突破

重点领域和关键环节改革取得积极成效，政府职能加快转变，服务效能大幅提升，市场活力进一步激发。农村地区改革活力不断释放。医疗、教育、社会治理等领域的改革创新进一步深化。人民民主更加健全，法治政府基本建成，党的建设制度化水平显著提高。

八项任务

强化规模调控和
优化空间布局

着力打造
京西生态屏障

加快推动经济
结构转型升级

统筹推进城乡
区域协调发展

全面提升基础
设施承载能力

切实提高城乡
居民生活品质

提高城乡治理
现代化水平

深入推进改革开放
与服务型政府建设

187 城市蓝图

永定楼雄姿

附 录

《中国国家人文地理·北京门头沟》文字资料由永定河文化研究会、永定河文化博物馆提供

《中国国家人文地理·北京门头沟》图片资料由刁立生、王存花、王建忠、朱京秋、刘德泉、齐鸿浩、池惇、安惠来、祁桂英、李长山、李秀宾、李建兵、李增启、杨广成、杨德林、何丽、余晖、张文军、张德厚、林伟峰、金华、金谊平、赵永高、姚宝良、贺伟、栗国志、徐正荣、康惠声、程玉扬、蔡春来等提供